KB121984

성노동자, 권리를 외치다

성노동자, 권리를 외치다

제1판 제1쇄 발행일 2015년 2월 14일

(재 인쇄 2015년 3월 21일 1,000부)

글 | 밀사, 연희, 지승호

기획 | 손석춘, 지승호, 책도둑(박정훈, 박정식, 김민호)

디자인 | 이안디자인

펴낸이 | 김은지

펴낸곳 | 철수와영희

등록번호 | 제319-2005-42호

주소 | 서울시 마포구 월드컵로 65, 302호 (망원동, 양경회관)

전화 | (02)332-0815

팩스 | (02)6091-0815

전자우편 | chulsu815@hanmail.net

ISBN 978-89-93463-73-6 03300

철수와영희 출판사는 '어린이' 철수와 영희, '어른' 철수와 영희에게 도움 되는
책을 펴내기 위해 노력하고 있습니다.

성노동자, 권리를 외치다

밀사와 연희의 성노동 이야기

밀사 · 연희와 지승호의 대자보

철수와영희

우리 시대의 성(性)을 해석하는 새로운 시선

성매매특별법이 시행된 지 11년이 지났습니다. 기사들에 따르면 "여전히 국내뿐만 아니라 해외 성매매가 기승을 부리고 재범률 역시 감소하지 않는 것으로 나타났다"고 하는군요. 정치권이나 일부 여성단체에서는 "성매매 사범이 꾸준히 검거되지만, 성매매 사범에 대한 구속 조치는 겨우 1퍼센트 내외에 불과하다. 성매매특별법, 존스쿨제도(성구매자 재범 방지교육)도 무용지물이다"라고 하면서 좀 더 강력한 처벌이 필요하다고 말하고 있습니다. 또 다른 쪽에서는 "처벌 강화는 성매매의 음지화를 부추기는 풍선효과를 발생시킬 뿐"이라고 반론합니다. 일부에서는 또 다른 맥락에서, 성매매산업을 활성화시켜 관광 수입을 올려야 한다고 말합니다.

이러한 논란의 기원은 아주 오래되었습니다. 갈등은 기본적으로 "역사상 가장 오랜 직업 중 하나인 매매춘을 과연 근절시킬 수 있을 것이냐?"는 현실론과 "어떻게 돈을 주고 성을 살 수 있느냐?" 하는 원칙론 사이에 있습니다. 10명이면 10명의 견해와 해법이 있을 것입니다. 해외에서도 성매매, 성노동의 합법화를 둘러싸고 여러 정책적 실험들이 진행 중입니다. 성매매 또는 성노동을 합법화하든 불법으로 규정하든 각 나라의 사회적 현실에 적합한 해법을 찾으려고 노력 중입니다.

현재 대한민국에서는 성구매자와 성판매자 모두 처벌의 대상입니다. 하지만 그것을 둘러싼 사회적 논의는 다소 부족해 보입니다. 저희는 대자보 시리즈를 통해 성노동을 했었거나, 현재 하고 있으며, 성노동자 권리를 위해 활동하고 있는 두 분과 성노동 혹은 성매매를 둘러싼 여러 가지 이야기를 나눴습니다. 소수자 중 소수자의 입장일 수밖에 없는 분들이라 생각이 굉장히 깊다는 인상을 받았고, 다양한 견해를 접할 수 있었습니다.

밀사 씨는 "성노동자들의 일상은 점점 위축되어 갑니다. 사회가 주는 지속적인 낙인감 때문입니다. 우리 모두의 편협한 시선은 곧바로 그들에게 고통으로 내려찍힙니다. 진보를 자처하는 사람들조차 이 혐의에서는 자유롭지 못할 것입니다"라고 대자보에 쓴 적이 있습니다. 연희 씨는 "이 문제가 사회 모든 문제와

유기적으로 연결되어 있고, 여성에게 한정된 문제가 아니"라고 얘기합니다.

우리 사회는 과연 성노동자들의 인권에 대해서 얼마만큼 생각하고 있는 걸까요? 이 책에 실린 이야기들은 우리와 함께 동시대를 살아가는 사람들의 이야기이기 때문에 '철수와 영희를 위한 대자보' 시리즈에 담았습니다. 밀사 씨와 연희 씨의 이야기에는 이 사회의 남성과 여성의 관계, 성과 폭력, 다수자의 소수자에 대한 낙인 등 상당히 많은 생각할 문제들이 있습니다. 이 이야기들을 통해 성매매, 혹은 성노동에 관련된 생각을 정리하는 데 도움이 되기를 바랍니다.

지승호 드림

성노동자의 권리운동을 지지해주세요

저, 연희, 모두 평범한 사람은 아닙니다. 저는 어느 날 뜬금없이 벼락처럼 내리꽂힌 강한 신념 하나에만 이끌려 헤매고 또 헤맸습니다. 연희는 그런 저에게 휩쓸려, 정신을 차리고 보니 저와 함께 활동을 하고 있었더라는. 둘 다 맨땅에 헤딩하듯 운동을 시작했습니다. 부딪히고 비틀거리고 크고 작은 실수를 저질러가며 여기까지 걸어왔습니다.

성노동운동을 알기 전까지의 저는 '개념녀' 지망생에 불과했습니다. 운동을 시작하고서부터는 언제나 머리가 생각으로 가득 차 어지러웠습니다. 세상을 보는 눈이 트였습니다. 처음으로 선하게 살아가고 싶다고 생각했습니다. 저는 책도 스승도 없이 급격하게 성장했습니다.

성노동운동 활동가로 정체화하기 전의 연희는 사람들의 비난이 두려워 "아픈 할머니가 있어 병수발을 위해 어쩔 수 없이 이 일을 한다"는 거짓을 섞어야만 자기 이야기를 할 수 있는 사람이었습니다. 그런 사람이 성노동 담론을 접한 후로는 자신의 삶에 자신감이 넘치고, 보다 인간애가 자라나 빛나는 사람이 되었습니다. 저는 연희를 생각하면 늘 경이롭습니다. 연희의 행적에서 희망을 봅니다.

이 책에 담긴 저의 이야기는 비단 성노동운동에만 머무르지 않습니다. 아마도 그건 저의 윤리관, 활동관에 대한 고백이자, 앞으로도 실천을 놓지 않으리라는, 스스로를 향한 다짐이기도 할 것입니다.

저는 성노동자 권리모임 지지(GG)에서 활동하던 2014년 3월에 이 인터뷰를 했습니다. 2014년 7월, 저의 상근자로서의 업무 태만과 GG의 부정확한 회계 문제가 회계 비리 사태라는 이름으로 수면 위에 올라왔습니다. 저는 2014년 8월 GG를 탈퇴했습니다. 오해와 허언이 난무했다고는 하지만 저를 포함한 GG의 활동가들은 분명 미숙했고, 잘못을 저질렀습니다. 신뢰도 잃었고요. 하지만 그만큼 많이 반성했고, 배웠습니다. 그렇기에 그것은 정말 값진 경험이었습니다.

2014년 10월 즈음 이 책의 초고를 받았습니다. 그동안 많은 것들이 변했고, 저의 고민도 깊어졌습니다. 시간을 끌어가며 신중하게 원고를 다듬었습니다.

여러분, 성노동자의 권리운동을 지지해주세요. 각자의 자리에서, 그리고 손을 맞잡고, 서로를 지켜보며, 실천합시다.

이 책이, 여러분의 마음에 가닿아 아주 작은 불씨라도 지필 수 있기를 바랍니다. 그 불씨 모아 언젠가 하나의 큰 횃불을 이룰 수 있다면 얼마나 기쁠까요. 꼭 그리되리라 믿습니다.

밀사 드림

1부 − 밀사

대자보를 쓴 이유

지승호: 2013년 겨울에 쓰신 대자보 얘기부터 해볼까요? 대자보를 쓸 생각은 어떻게 하셨나요? 밀사 씨께서는 트위터에 "성노동의 문제를 이야기한 '여러분, 부디 안녕합시다' 대자보를 GG[1]의 활동가들과 공동으로 게시한 것은 여러모로 중요한 실천이었다고 생각한다. 오랜만에 세상의 날것들을 바로 접했고, 보다 다양한 사람들과 소통할 수 있었다. 그리고 활동가로서의 자세를 성찰하는 계기가 되었다"고 쓰셨는데요.[2]

1) 2009년 결성된 성노동자 권리모임. 공식 블로그(ggsexworker.tistory.com)의 소개 글을 통해 GG는 "성노동자들의 생존권과 노동권, 시민권을 위해 현장활동과 연구를 병행 실천하는 모임"으로 "특히 한국의 성노동자 운동을 지원하여 장기적으로는 성노동자들의 권리 쟁취와 노동 조건 향상을 목표로 삼고 있다"고 밝히고 있다.

2) 이 인터뷰는 2014년 3월 10일 이루어졌다. 책 출간이 1년이 지난 다음 이루어져 밀사 씨가 GG를 탈퇴하는 등 변화된 상황은 있지만, 인터뷰 당시의 이야기들이 아직도 의미가 있다고 판단해 그대로 담았다.

밀사: '안녕들 하십니까?' 대자보 열풍이 한참 불 때였어요.[3] 써야 하나, 말아야 하나 고민을 많이 했습니다. 왠지 대자보 운동은 대학생만 참여할 수 있는 것처럼 느껴졌어요. GG가 학생운동 혹은 대학의 이슈에 그동안 얼마나 참여했었나 생각해보

3) 2013년 12월 10일 오전 고려대 경영학과 주현우 씨가 '안녕들 하십니까?'라는 제목의 대자보를 교내에 붙이면서 시작됐다. 이후 대학가와 온라인을 중심으로 현실에 대한 발언들이 줄을 이었다.

면서, 동참하는 게 좀 멋쩍다고나 할까, 그런 느낌이었습니다. 한편 우리도 대자보를 쓰고 싶다, 우리 운동도 주목받고 싶다는 생각도 있었어요. 그래서 고민 끝에 대자보를 쓰기로 했습니다. 그런데 재밌게도, 쓰기로 결심한 날에 "나는 성매매 여성입니다"라는 대자보가 페이스북에 올라온 거예요.[4] 방에 전지를 펼쳐놓고, 막 쓰고 있는데. (웃음)

지승호: 굉장한 우연이네요. 그 대자보를 보면서는 어떤 생각이 드셨나요?

밀사: 반가웠죠. 그리고 되게 복잡한 감정이 들었어요. 가장 먼저 떠오른 생각이 '안티들이 많겠구나'였는데요, 짐작

대로더라고요. 그 대자보에는, 대자보를 썼다고 자랑스러워하는 대학생에게 호응하지 않았다는 이유로 구타를 당했다는 내용이 들어가 있단 말이에요. 그래서 더 말들이 많았던 것 같아요. 이걸 여성이 썼을 리가 없다, 일베[5]의 음모다, 대자보 운동을 훼손시키려는 음모다, 이런 식의 댓글들이 달렸어요.

지승호: "여러분, 부디 안녕합시다"라는 공동으로 쓰신 대자보는 어디에 붙이셨나요?[6]

밀사: 경희대, 이화여대, 성신여대 이렇게 세 군데에 붙였어요, 경희대 대자보에는 사람들이 관심이 없었고요. 이대 대자보는 학생들에게 뜯겼고, 성신여대 대자보는 추측하기로는 학교에서 뜯은 것 같아요. 이대의 경우에는 여러모로 복잡한 기분이 들었죠. 대학이라는 공간, 여성집단이라는 배경, 유독 날카롭고 집요한 여성들의 성노동

6) 2013년 12월 18일 성노동자 권리모임 GG의 이름으로 작성한 대자보.
(119쪽에 원문 사진을 실었다.)

〈여러분, 부디 안녕합시다.〉

성노동자라는 말을 들어보신 적 있으신지요. 이는 '매춘부', '창녀'로 불리어 왔던 이들이 자신의 권리를 선언하면서 사람들에게 호명하기를 요구한 명칭입니다. 인권의 사각지대에 놓여 멸시와 비난을 감내해야 했던 그들은 스스로 자신의 존엄을 선언하기 위해 성노동자라는 이름으로 스스로를 지칭했습니다. 저희는 성노동자의 인권과 노동권을 위하여 활동하는 성노동자 권리모임 지지의 활동가입니다. 저희는 성노동을 하고 있거나, 예전에 성노동을 했거나, 성노동을 하지는 않지만 성노동과 성노동운동을 지지하는 사람들입니다. 이 안녕치 못한 시국에, 저희도 덧대고 싶은 말이 있어 부족하나마 공동 자보를 게시합니다.

성노동운동을 한다는 사람들이 이 시국에 무슨 할 말이 있다는 거냐고, '알지도 못하는 사람들이 몸 파는' 것이 도대체 나랑 무슨 상관이냐고 생각하실지도 모릅니다. 하지만 지금 이 순간에도 많은 사람들이 성노동으로 생계를 유지하고, 가족을 부양합니다. 그리고 또한 많은 대학생들이 성노동으로 학비와 생활비를 벌고 있습니다. 네, 성노동자들은 우리와 완전히 동떨어진 존재들이 아닙니다. 그들은 우리들 주변에서, 우리가 다를 바 없이 이 각박한 세상을 살아내고 있습니다. 거리에서, 카페에서, 그 외 일상의 공간에서 우리는 종종 그들을 스쳐 지나곤 했을 겁니다. 우리의 학교 역시 예외가 아니죠. 혹 우린 같은 강의실에서 그들을 마주쳤을지도 몰라요. 어쩌면 바로 당신의 친구가, 가족이, 자신이 성노동하고 있음을 미처 커밍아웃하지 못한 채 살아가고 있을지도 모르지요.

세상 사람들은 각자의 경직된 도덕주의를 내세워 그들의 삶을 함부로 재단하고 손가락질합니다. 하지만 이 일로 자신의 삶을 지탱해 나가는 사람들에게 성노동은 일상의 문제입니다. 그런데 이들의 일상은 한없이 불안합니다. 자신의 잣대로 그들의 삶을 멋대로 판단하고 낙인 찍으며 억압하고 폭력을 휘두르는 이들 때문에, 그들의 일상은 불안으로 뒤흔들립니다. 국가에서 성매매를 불법으로 규정하고 있기 때문에, 일하는 와중에 여러 폭력 상황이 닥쳐도 성노동자는 경찰의 도움을 받을 수 없습니다. 성노동자들의 일상은 점점 위축되어 갑니다. 사회가 주는 지속적인 낙인감 때문입니다. 우리 모두의 편협한 시선은 곧바로 그들에게 고통으로 내려찍힙니다. 진보를 자처하는 사람들조차 이 혐의에서는 자유롭지 못할 것입니다.

다시 한 번 그렇게 생각하실지도 모르겠습니다. 그래서 어쩌라는 거냐고, 우리 곁에 그들이 존재한다는 것이 지금 이 시국과 무슨 상관이냐고. 하지만 우리는 이 시국에서, 사람들의 떨리는 눈동자에서 성노동자들이 가진 것과 같은 것을 봅니다. 철도 민영화를 반대하며 파업했다는 이유로 직위해제 당한 7000여 명의 노동자들로부터, 일상을 지탱해주었던 여러 제도들이 민영화되어 사회의 기반이 흔들릴지 모른다며 우려하고 불안해하는 사람들로부터, 지금도 대학 곳곳에서 안녕하시냐고, 정말로 안녕들 하시냐고 묻는 학우들로부터, 그리고 이 글을 읽는 당신에게서도, 우리는 성노동자들이 겪는 것과 같은 것을 봅니다. 그것은 바로 일상의 불안, 우리의 삶이 언제 어떻게 흔들리고 무너질지 모른다는 만성적인 불안입니다.

안녕하지 못합니다. 도대체 이 사회에서 무슨 수로 안녕할 수 있겠습니까. 자신의 신념과 올바름을 세상에 드러냈다는 이유로 추방당하고, 저변의 삶을 더욱 저변으로, 절벽으로 밀어내는 이 야만적인 세상, 나와 생각이 다르다는 이유만으로 강자가 약자를 짓밟는 이 세상에서 우리는 과연 안녕합니까. 모두가 안녕하지 못하다는 것을 우리는 서로 너무나 잘 알고 있습니다. 너무도 자명하게 안녕치 못한데, 우리는 어째서 지금까지 침묵해 왔을까요. 왜 서로의 안녕을 묻지 않았을까요. 어째서 내 곁의 사람들, 이 세상에서 함께 숨 쉬고 살아가는 사람들의 고통을 애써 외면해 왔을까요. 어쩌면 우리의 외면과 무관심이 이 불안을 점차 키워 왔던 것이 아닐까요. 계속 이렇게 등 돌린다면, 일상의 불안은 점점 제 몸을 불려 이내 우리의 삶을 실질적으로 잠식하고 좀먹을지 모릅니다.

저희는 여러분께 말씀드리고 싶습니다. 이제라도 자신의 안녕을 돌아보자고, 서로의 안녕을 묻자고. 나의 아픔에 대해서, 당신의 상처에 대해서 이제는 터놓고 이야기하자고. 우리 곁에 마찬가지로 안녕치 못한 사람들이 있다는 것을 이젠 인정하자고 말입니다. 이것만으로도 이 세상은 조금은 더 나은 곳이 되지 않을까 생각합니다. 자신의 고통을 돌아보고, 타인의 고통을 직시할 수 있을 때, 그리고 그것을 이해하고 어루만질 수 있을 때, 마침내 '그들'이 '우리'로 포섭될 때, 비로소 우리는 안녕할 수 있을 것입니다. 여러분, 부디 안녕합시다.

성노동자 권리모임 GG

자 혐오…, 이 모든 것이 결합된 결과거든요. 그녀들이 악해서 그런 게 아니라고 생각해요. 오늘날에도 여전히 여성들은 사회로부터 검열당하고, 또한 자기검열을 강요받습니다. 사회는 여성에게 정숙할 것을 요구하죠. 그 요구에 순순히 응하지 않는 여성은 낙인찍고 추방하고요. 여성을 '성녀' 혹은 '창녀'로 가르는 폭력적이고 이분법적인 시선이 이 사회에는 만연합니다. 그렇기에 여성들은 생존을 위해서 자신이 '창녀'가 아니라는 것을, '창녀'와 다르다는 것을, 그렇기에 자신은 '창녀'를 증오하고 경멸한다는 것을 끊임없이 어필하고 증명해야 합니다. 그러한 맥락을 잘 알고 있어요. 여성들의 성노동자 혐오에 동의할 수는 없지만, 그 혐오의 기저에서 작동하는 것이 무엇인지는 충분히 이해합니다. 그래서 분노보다도 서글프고 안타깝다는 생각을 했습니다. 이 고질적인 갈등을 점차 줄여나가는 것이 바로 성노동운동이 해야 할 일이기도 하겠지요. 성신여대의 경우에는 학교가 용납을 안 하더라고요. 훼손된 것을 알고서 다시 게시하려고 학교에 찾아갔어요. 그때는 하나하나 손으로 쓸 여력이 없어서 돈을 들여 인쇄했죠. 게시물 승인 도장을 받으면 되는 줄 알고 찾아갔더니 대자보는 승인해줄 수 없다는 거예요. 게시판에 광고는 버젓이 도장이 찍혀서 붙어 있는데, 대자보는 안 된답니다. 왜 안 되느냐고 물었더니 "그러면 너도나도 다 붙일 것 아니냐"고 대답하더라고요. (웃음) 너도나도 붙이라고 만들어진 게 교내 게시판이고, 비싼 등록금 내고 학교 다니면서 그 정도 표현의 자유도 보장이 안 된다는 게 말이 안 되잖아요. 따졌더니 나중에는 학내에서 소란을 피운다고 경찰까지 불렀습니다.

지승호: 학교 측에서 그랬나요?

밀사: 네. 학교 측에서 안 된다고 하기에 제가 "이 내용 녹음해도 되냐?"고 했더니 "그건 불법이다. 지금까지 녹음하고 있었다면 경찰을 부르겠다." 이렇게 된 거예요. 하지만 막상 출동한 경찰도 학교 측에서 '오버'한다 싶었는지 그냥 가더라고요.

지승호: 그 일이 "활동가로서의 자세를 성찰하는 계기가 되었다"고 하셨는데요.

밀사: 아무래도 한국에서는 성노동운동이 어렵잖아요. 연대할 수 있는 판을 충분하게 구성하지 못했고, 저희가 아직 그럴 만한 역량이 안 되는 상황이라는 말이에요. 현장을 조직하기엔 성노동, 성매매, 성산업의 지형이 복잡하고, 그런 만큼 어려움이 많은 것도 사실이고요. 그래서 트위터나 페이스북 같은 소셜네트워크서비스(SNS)를 이용합니다. 부끄러운 이야기지만 현장에서 실천할 기회가 부족해요. 어쨌거나 '성노동'이라는 단어조차 생소한 사람들이 대다수인 열악한 현실 속에서 조금이나마 우리 이야기를 알릴 수 있었다는 것에 의

미를 두고 있습니다. 물론, GG의 대자보에 대한 사람들의 반응은 냉랭했습니다. 아직 멀었구나 싶었죠. 복잡한 기분이었어요. 앞으로 해야 할 것이 지금까지 이룬 것보다 훨씬 많구나, 생각했습니다. 부담이 컸습니다. 어쨌든 성노동에 대해서 잘 알지 못하는 사람들과 만날 기회를 넓혀가야 할 테니까요.

지승호 : 성소수자 운동과 비교해봐도 참 어려운 게, 성소수자 운동은 오랫동안 인권 차원에서 접근해왔잖아요. 그래서 지금은 '우리와 다르지 않은 사람이구나.'하고 인식하는 사람들이 점점 많아지고 있는 것 같습니다. 이에 비하면 성노동자 권리운동은 아직까지도 열악한 상황이잖아요. 대중들 앞에 모습을 드러내기도 어렵고요. 운동을 펼쳐나가기가 앞으로도 어려워 보입니다. 지금까지 트위터나 페이스북 등을 통해 소통해오셨는데, 그동안 변화가 좀 있었다고 생각하십니까?

밀사 : 얼마 전에 외국의 한 여대생이 생계를 위해서 포르노를 찍었다가 학교에서 조롱을 당했다는 내용의 보도를 접했습니다.[7] 그녀는 인터뷰를 통해 "나는 내 일이 부끄럽지 않다. 돈이 필요해서 이 일을 했을 뿐이다"라면서 자신을 성노동자라고 분명히 밝힙니다. 저는 기사에서 '성노동자'라는 단어를 보면서 가슴이 찡했어요. 제가 성노동에 대해서 이야기하기 시작한 것은 2010년 말이고, GG에 가입해서 활동한 것은 2011년 5월 무렵입니다. 당시만 해도 우리나라에서

7) 2014년 2월 미국의 명문 듀크대학교에 재학 중인 한 여학생이 자신이 포르노 배우로 활동해왔음을 고백한 사실을 말한다. 그녀는 학보사와의 인터뷰에서 6만 달러에 달하는 학비를 감당하지 못해 포르노 배우로 활동하게 되었다고 고백한다. 인터넷에서 그녀에 대한 신상이 공개되자 CNN 토크쇼에 출연하는 등 적극적으로 자신의 주장을 표현하게 된다. 한편 2008년에는 영국 일간지 〈텔레그래프〉 인터넷판이 인터뷰를 통해 프랑스 소르본대학에 재학 중인 한 여성이 학비와 생활비를 벌기 위해 포르노 영화에 출연해왔다는 사실을 보도한다. 같은 해 1월에는 파리의 한 여대생이 자서전을 통해 학비 및 생활비를 벌기 위해 성매매에 나섰던 경험을 고백하면서 프랑스 사회에 충격을 던져준 바 있다.

는 성노동이라는 단어 자체를 거의 쓰지 않았어요. 포탈 사이트 같은 데서 '성노동'을 검색하면 나오는 정보가 몇 개 없었어요. 대신 여성 노동자, 삼성 노동자, 이런 것만 나왔단 말이에요. 그나마 요새는 성노동에 대해서 이야기하는 사람들이 그때보다 많아졌습니다. 화류계에 종사하는 사람들을 지칭하는 보다 정치적으로 올바른 단어가 바로 '성노동자'라는 인식이 자리 잡혔다는 느낌도 들고, 성노동 담론에 대해 고민하는 사람들이 조금이나마 더 늘었다는 생각이 들어요. 성노동 개념을 향한 반감과 성노동을 말하는 것 자체를 금기시하는 분위기가 한층 누그러진 듯합니다.

지승호 : 한겨레신문의 '김두식의 고백'과 '김남훈의 싸우는 사람들' 코너에 성노동자 인터뷰가 나가기도 했고, 그 밖에도 진보 매체에서 간간이 다뤄졌던 것 같은데, 거기에 대한 반응은 어떤가요?

밀사 : 대개 부정적인 것들이라 이제는 댓글도 잘 읽지 않게 되더라고요. 욕하는 방식도 늘 똑같고 해서요. 성노동이 존재한다는 사실 자체를 용납할 수 없는 거예요. 한 성노동자가 페이스북에 올린 대자보를 통해 "나는 성매매 여성입니다"라고 자기 정체성을 밝혔을 때 반응들이 그랬잖아요. 그럴 리가 없다, 이건 음모다, 하는 식으로 몰고 가거든요. 아직은 그런 분위기인 것 같아요. 그렇지만 그 안에서 생각할 만한 의견을 발견하면 시간을 두고 고민합니다. 그런 고민들이 성장의 밑거름이 된다고 생각해요.

지승호: 일부 학생들 사이에서 '학교 망신'이라는 반응도 나왔던 것 같고요. 익명 게시판에서는 해당 학생을 퇴교시켜야 하는 것 아니냐는 주장도 있었다고 하던데요.

밀사 : 저도 그런 주장을 하는 분들이 선후배로서, 동기로서 별로 자랑스럽지 않아요. (웃음) 저희가 올린 대자보랑 그전에 "나는 성매매

여성입니다"라고 올린 한 성노동자의 대자보가 '여초 카페'[8]에 올라오면서 욕을 많이 먹었다고 하더라고요. 저도 전해 듣기만 했어요.

8) 회원 수에서 여성의 비율이 남성의 비율보다 많은 인터넷 카페를 말한다. 소울드레서, 레몬테라스, 쌍코(쌍화차 코코아) 등이 대표적이다.

지승호: GG의 이름으로 쓴 대자보에서 "성노동자들의 일상은 점점 위축되어 갑니다. 사회가 주는 지속적인 낙인감 때문입니다. 우리 모두의 편협한 시선은 곧바로 그들에게 고통으로 내려찍힙니다. 진보를 자처하는 사람들조차 이 혐의에서는 자유롭지 못할 것입니다"라는 하셨는데요. 보수적인 분들이야 그렇다 치고 소위 진보적이라는 사람들까지도 성노동에 대해 여러 층위에서 공격하는 경향이 있는 것 같습니다. 이를테면 "다른 운동도 급한데, 왜 '비호감'인 당신들까지 끼어들어서 운동의 발전을 막느냐." 하는 거죠.

밀사: 그랬을 때 제일 먼저 생각하는 것은 마르크스주의에 경도된 시각이에요. 마르크스주의는 자본주의 사회에서는 노동 자체가 착취당한다고 보잖아요. 그러니 상품으로 거래되는 성노동 역시 폐절(廢絶)되어야 한다고 주장하는 거죠. 논리상 이해가 안 가는 건 아닙니다만, 저희는 현실을 보자는 거거든요. 그렇게 따지면 사라져야 할 노동이 어디 성노동뿐인가요. 개인적으로는 노동 자체가 억압적 속성을 지니고 있다는 마르크스주의의 주장에 동의하기에, 이런 의미에서는 저 역시 반성매매론자일지도 모릅니다. 하지만 다른 노동은 인정하면서도 유독 성노동만큼은 부정하는 모순된 시각을 가진 '자칭 마르크스주의자'는 도저히 용납되지 않습니다. 진정으로 마르크스주의를 이해하는 사람이라면 그토록 쉽게 성노동만을 '노동이 아니다'라고 부정할 수 없다고 봅니다.

다른 하나로 윤리적인 공격이 있습니다. 얼마 전 성노동은 '사람을 수단이 아닌 목적으로 대하라'는 칸트의 윤리학에 위배된다는 이야기를 들었습니다. 인간적으로 옳지 않다는 거지요. 맞는 말이지만

이 역시 기만적이라고 생각해요. 우리나라처럼 무엇이든 돈으로 환산되는 곳에서 어떻게 하면 사람을 수단 아닌 목적으로 대할 수 있을까요? 칸트의 말은 사람이 인간적으로 대접받아야 한다는 말이잖아요. 그 참뜻을 성찰했으면 좋겠어요. 오늘날 우리 사회는 필연적으로 누군가를 착취하면서 돌아갑니다. 자신의 삶을 감당하기에도 급급한 사람들에게 무작정 '저항하고 싸우라'고 주장하는 것은 허울 좋은 이상론에 지나지 않습니다. 이야말로 비윤리적이죠. 착취당하는 성은 사라져야 한다, 인간을 수단화해서는 안 된다, 옳은 말입니다. 하지만 어쩔 수 없이 성노동을 해야 하는 사람들에게 그런 당위가 무슨 소용일까요? 모순된 체제 안에서 살아갈 수밖에 없는 개인의 나약함을 직시하고 인정하지 않으면 아무리 좋은 사상일지언정 현실 앞에선 한없이 무용하다는 생각이 들어요.

제가 화가 나는 것은, 위와 같은 이야기를 하는 분들도 이와 같은 사실을 잘 알고 있다는 겁니다. 그런 현실을 잘 알고 있으면서도 성노동자의 권리 주장을 이러저러한 논리로 반대하는 건 문제의 핵심을 회피하려는 태도로밖에 보이지 않습니다. 어떤 분은 성인비디오 시청도 금지해야 한다고 합니다. 제작·유통 과정에서 일어나는 성적 착취를 외면해서는 안 된다는 주장이에요. 여기엔 많은 이야기가 얽혀 들어갑니다. 물론 부당한 착취는 용인되어선 안 됩니다. 비단 성산업뿐만 아니라 모든 곳에서 말입니다. 판타지로써 재현된 폭력이 실제 폭력을 조장하는지의 여부에 대해선 보다 조심스럽고 다각적인 고민이 필요할 것입니다.

어떻든, 제가 하고 싶은 이야기는 이것입니다. 무엇보다도 현실을 올곧게 직시하려는 노력이 중요하다는 것입니다. 세상을 바꾸자는 사람들이 우리가 사는 세상의 비루하고 어쩔 수 없는 현실을 직시하고 인정하려 하지 않는 건 불성실함이라고밖에 달리 말할 수가 없습니다. 어쩌면 성노동이라는 현실을 외면하고 싶은 마음이 더 커서일지도 모르겠어요. 끊임없이 여성을 착취해온 남성들의 죄책감이 그 이면에 서려 있는지도 모릅니다. 존재하지만 드러내지 말 것! 성노동을 향한 전형적인 이중성이지요.

지승호: 여전히 남성적 시선이 지배적인 우리 사회의 진보도 반성이
필요하다는 뜻인가요?

밀사: 세상을 바꾸려면 현실을 인정해야 한다는 것뿐입니다. 거기서
시작해야죠. 내가 아무리 부끄러워해도, 자학을 하거나 외면한다고
해도 세상은 달라지지 않아요. 당위를 말하면서 현실을 외면하는 것,
불편하다고 해서 진실을 인정하지 않는 것은 기만입니다. 진보는 자
신이 얼마나 양심적인지를 호소하는 인정투쟁에만 머물러서는 절대
로 안 됩니다. 문제는 그런 식의 자기만족이 과연 진보적 실천으로 이
어질 수 있는가의 여부입니다.

　중요한 것은 당신이 '다른 사람이 보기에 착하고 좋은 사람'이 되
는 것이 아니라, 자신이 무엇을 가졌는지, 그로써 어떤 것을 누리고
있는지에 대해 성찰한 뒤 이를 책임지기 위해서 무엇을 해야 할지 고
민하는 것이라는 말을 하고 싶은 겁니다. 내가 무언가를 누리는 데에
는 반드시 다른 누군가의 착취가 전제된다는 것, 그런 불합리한 구조
로 이 사회가 이루어져 있다는 것을 기억해야 한다는 이야기를 하고
싶은 겁니다. 그러기 위해서는 스스로의 힘으로 옳고 그름, 부당한
것과 이에 대항하기 위한 행동에 대해 판단할 수 있어야 합니다. 또
한 그 판단에 따라, 필요한 행동을 실천으로 옮길 수 있어야 합니다.
저는 이를 '자신의 윤리를 정립하고 실천하라'는 말로 표현하고 싶
습니다. 사회 통념에 따른 경직된 도덕주의가 아닌 각자의 양심에 기
반을 둔 주체적인 윤리가 필요하다고 생각합니다.

'성노동'이라는 낯선 이름

지승호 : 성노동자 권리운동에 대해 구체적으로 말씀을 나눠봤으면 합니다. 아까 언급하기도 했지만, 성노동자들이 자기주장을 하기 어려운 상황 아닙니까. 그래서 GG 같은 모임이 결성되기도 했는데요. 여기에 대해 '상층부 운동'이 아니냐는 지적도 있습니다. 비유하자면 1970~80년대에 대학생들이 노동운동을 위해 공장에 취업했던 것처럼 말이지요. 그분들은 순수한 마음으로 갔지만, 공장에 계신 분들은 의심할 수 있거든요. "당신들은 우리와 다르다. 언제든 돌아갈 데가 있지 않으냐?" 할 수도 있고요. 실제로 많은 분들이 나중에 대학으로 돌아가거나 정치권으로 진출했습니다만.

밀사 : 그럴 만하죠. 제가 처음 성노동 현장에 발을 들였을 때의 경험이 그와 비슷하지 않았나 싶습니다. 확실히 당시의 저에겐 성노동 현장과 성노동에 대한 성찰이 지금보다 부족했습니다. 멋도 모르고 스스로의 행위를 '성노동 실험'이라고 이름 붙였을 정도니까요. 한 달 동안 '조건만남'[9]을 하고, 그 결과를 트위터에 게시한 적도 있습니다. 그랬더니 주변에서 걱정과 비판이

> 9) 나이, 키, 성매매 가격 등의 조건을 미리 제시하고 합의를 통해 거래되는 성매매. 주로 온라인을 통해 이루어진다.

쏟아졌습니다. 어떤 분은 학생운동 경험을 이야기하면서 그때는 솔직히 공장생활이 지옥 같았다. 밀사 씨는 어떻게 성노동을 아무렇지 않게 받아들일 수 있었느냐고 하셨습니다. 일면 걱정 같지만, 출신이 다른 제가 진심으로 현장 성노동자의 생활을 이해하고 함께할 수 있느냐는 비판이기도 한 거죠.

'상층부 운동'이라는 지적도 그런 측면에서 제기되는 것 같습니다. 저는 이렇게 말씀드리고 싶어요.

'당사자성', 중요합니다. 당사자들만이 할 수 있는 실천이 있고 그 파급력은 어마어마합니다. 자기가 자기 목소리를 냈을 때 가장 진실

에 가까울 수 있고요. 하지만 그렇다고 해서 '당사자'에게 너무 많은 짐을 지워서는 안 된다고 생각합니다. 당장 먹고사는 것이 힘든 사람들에게, 네가 당사자니 알아서 자력구제하라고 말할 수는 없잖아요. 게다가 우리나라의 성노동자들은 자신들이 정당한 노동을 하고 있다는 인식이 부재합니다. 우리 모두는 "성노동은 무조건 잘못된 것"이라고만 이야기하는 사회에서 배우고 자랐고, 그분들 역시 이 사회에서 나고 자란 구성원인 만큼 당연한 일입니다. 이런 상황에서 당사자가 되었을 때, 자신이 떳떳하지 못한 일을 하고 있다는 감정은 지속적인 피로감과 자아의 소진을 야기합니다. 죄책감과 불안감은 말할 것도 없고요. 그러한 의미에서 확실히 현대의 성노동은 인간성을 파괴하고 있습니다. 이런 상황에서 그분들이 바로 설 수 있을 때까지는, 어쨌거나 저희 같은 사람들이 해야 할 몫이 있다고 생각합니다. 현대 성산업의 지형은 점점 성노동자 개개인을 고립시키는 방향으로 나아가고 있기 때문에 연대의 발판을 마련하기가 매우 힘든데, 그 기반을 닦아나가며 당사자들이 스스로 자신의 일에 자부심을 가지고 힘 기르기를 할 수 있도록 여러 방면으로 서포트하는 것이 활동가들의 역할이라고 생각합니다.

지승호: 운동을 하다 보면 여러 가지 비판을 받을 수 있습니다. 여성운동도 초기에 "중산층 엘리트 위주의 운동이 아니냐?"는 비판이 있었죠. 그런 차원에서 '상층부 운동'이라는 표현이 쓰인 건 아닐까요?

밀사: 여성운동에 대한 남성 지식인들의 비판이 그랬습니다. 일종의 '분리주의' 정책인 거죠. 여타 분야의 사회운동도 지식인들이 주도하는 경우가 많은데 유독 여성운동에 대해서만 엄격합니다. 소수의 '중산층 엘리트' 운동이라고 매도해요. 환경운동이 혹은 인권운동이 '중산층 엘리트' 운동이라는 비판을 받은 적이 있나요? 비판은 하고 싶은데 '마초'라는 소리는 듣기 싫으니까 점잖게 운동 '상층

부'를 겨냥하는 겁니다. 내심은 그냥 그 운동이 싫은 거예요. 남성들의 기득권을 흔드는 여성주의 운동이 마음에 들지 않는 겁니다. 그럴 듯한 논리를 동원해서 자신의 반감을 합리화하는 태도는 올바른 자세가 아니라고 생각합니다.

지승호 : 그럼에도 이러한 비판은 타당하지 않을까요? 외국의 성노동자 단체는 현장에서 성노동을 하는 사람들 중심인데, 한국은 그렇지 않다. 실제로 한국은 활동가들 비율이 높잖아요. GG만 해도 그렇지 않나요? 물론 현장에 계신 분들이 커밍아웃 10)하기 힘든 환경이기도 합니다만, 외국과의 차이는 어디에 있다고 보십니까?

10) coming out. 자신의 정체성을 외부에 공개하는 행위.

밀사 : 우리나라에서 성노동자임을 밝힌다는 건 자살 행위나 다름없어요. 다른 나라에 살아보지 않아서 비교하기가 어렵습니다만, 제 개인적인 경우를 살펴봐도 한국 사회에서 성노동자에 대한 탄압은 매우 가혹합니다. 저는 잠깐 성노동을 해봤을 뿐이고, 일단 현재는 스스로를 성노동자로 정체화하지도 않습니다만, 그런 경험을 밝혔다는 이유만으로 신상이 털렸어요. 여기저기서 비난이 쏟아졌습니다. 만일 생계 때문에 성노동을 해야 하는 분이었다면 어땠을까요? 비난의 수위가 차원이 달랐을 겁니다. 가족 혹은 친구와는 연을 끊어야 했을 겁니다. 정상적인 사회생활이 어려운 거죠.

실제로 많은 분들이 경제적인 이유로 성노동을 어쩔 수 없이 택합니다. 성노동은 여성 빈곤의 문제와도 닿아 있어요. 절대다수의 성노동자들에게 성노동은 생계와 직결된 문제입니다. 이런 상황에서 자신이 성노동자임을 알리라는 요구는 너무 가혹해요. 성노동자들이 시위를 벌일 때 사람들이 말합니다. "왜 얼굴을 가리냐. 그렇게 당당하면 얼굴을 보이고 해라!" 하고 말이죠. 왜 이런 식의 비난을 하는 걸까요? 성노동자의 상황을 몰라서일 수도 있고, 알면서도 일부러 그러는 것일 수도 있지만 두 가지 다 옳지 않다고 생각합니다. 그분들의 현실을 이해해야죠. 그래서 저는 성노동운동이 당사자성을 담보하지 못했다는 비판은 성급하다고 생각합니다. 지금 당장 당사자성이 부족하다고 해서 성노동운동이 무의미한 것도 아니고요. 언젠가는 그분들이 중심에 설 수 있을 거예요. 다만 아직까지는 그럴 여력이 되지 않는 것뿐입니다. 아까도 말씀드렸듯이 사회적 모순을 당사자들더러 알아서 해결하라고 할 수는 없으니까요. 함께할 일은 함께해야죠.

지승호: "해결할 사람은 당신들 자신뿐이다"라는 입장이 현실적으로는 성급한 책임회피일 수도 있다는 건가요?

밀사: 꼭 당사자가 아니더라도 할 수 있고, 또 해야만 하는 일이 있다고 생각합니다. 좀 더 나아가자면, 비당사자들만이 할 수 있는 실천이 분명히 존재해요. 역사를 봐도 사회적으로 연대하지 않은 당사자들만의 운동은 늘 실패해왔잖아요. 사회는 유기적으로 이어져 있지요. 거칠게 말하자면 우리는 사회에서 일어나는 모든 부당함, 모순, 폭력의 피해자이자 가해자입니다. 그런 만큼 자신이 책임질 수 있는 만큼 저항하고 싸우는 것이 이 세상에 빚져 살아가는 사람으로서의 의무라고 봅니다. 이렇게 생각해보면 당사자와 비당사자를 가르는 것이 굉장히 무용하게 느껴지기도 합니다. 하지만 전 아직까지는 운동을 위해 당사자 개념이 꼭 필요하다고 생각해요.

지승호: 밀사 씨의 경우는 성노동을 이해하고자 직접 현장에 뛰어든 사례인데요. 이에 대한 주변의 반응은 어떻습니까? 예전에 소설을 쓰려고 직접 성매매를 해본 작가도 있었던 것 같고요. 자신의 이론을 증명하려고 경험 삼아 한번 해본 거 아니냐는 비판도 있지 않을까요?

밀사: 둘 중 하나죠. 잠깐 당사자인 척 발 담그고선 주체인 양 굴지 마

라, 혹은 아예 그쪽 길로 갈 거 아니면 적당히 해라, 이런 거죠. (웃음)

지승호: 어떤 남자분이 트위터에서 조금 심한 비판을 하셨더군요. "결국 자기 손에는 피를 안 묻히려고 하는 거 아니냐?" 하고 말이에요. 밀사 씨가 지금은 현장 성노동자가 아니라는 사실을 알고 지지를 철회한다는 말을 했던 거 같은데, 그런 분들이 많지 않습니까?

　　　밀사: 많죠. 하지만 개의치 않습니다. 저는 제 위치에서 할 일을 하는 거예요. 저는 성노동이 제 적성에 맞고, 나름대로의 재능이 있다고 생각합니다. 그것에 자부심을 느끼기도 하지요. 그런데 어느 순간 섹스가 싫어지더라고요. 왜 그런지는 모르겠는데요. 현장에서는 흔히들 '고자 된다'는 표현을 쓰는데, 아무튼 그 이후로는 성노동으로 돈을 벌고 싶지 않았습니다. 나중에 또 어찌 변할지는 모르겠지만요. 저는 저의 그런 존재적 기반 위에서 성노동자의 권리를 찾는 운동을 합니다. 아까도 말씀드렸지만 당사자의 역할이 있듯이 저와 같은 사람이 할 수 있는 부분이 반드시 있거든요. 저는 무리하면서까지 당사자가 되려고 하지 않아요. 자신의 기반을 분명하게 성찰하지 않은 상태에서 무리하게 당사자가 되려는 시도는, 힘들이지 않고 당사자성에 깃든 '힘'을 탐내는 어설픈 권력의지로밖에 느껴지지 않습니다. 그런 기만은 저지르고 싶지 않아요.

지승호: 어떻게 보면 먹고살려고 성노동을 하는 분들이나, '자격'을 문제 삼는 분들로부터 동시에 공격을 받을 수도 있을 거 같은데요. 현장 성노동자도 아니면서 그들을 대변하는 척한다고 말이죠.

　　　밀사: 물론 상황은 바뀔 수도 있습니다. 언제 제가 '진짜 성노동자'가 될지도 모를 일이고요. 하지만 유독 성노동운동의 '당사자성'에 무게를 두는 분들이 계신데, 저는 좀 쓸데없는 일인 거 같아요. 누가 하느냐가 아니라 어떤 말을 하느냐, 사회적으로 어떤 의미를 지니느

냐가 중요하잖아요. 자꾸 자격을 따지는 분들의 마음속에는 미심쩍은 의도가 있는 것 같습니다. 비당사자 연대의 의미를 무시한다든가, 당사자성으로부터 비롯되는 선정성에만 관심이 있다든가 하는 것들 말이죠. 저는 그러한 측면을 엄중히 비판하고 경계해야 한다고 생각합니다.

지승호: 자꾸 비판적인 견해만 소개하는 것 같습니다만, 이 밖에도 성노동운동에 대해 "사회·경제적 약자가 억지로 성매매에 내몰리는 것 아니냐. 그런 일이 없도록 애써도 부족할 판에 성노동을 인정하라니 그럼 피해자가 더 늘 것 아니냐." 하는 시각도 있고, "너희(성노동자)는 강간을 사고파는 거야"라는 비판도 있습니다. 이런 견해에 대해서는 어떤 생각을 갖고 계신가요.

밀사: 후자부터 말씀드리자면, 어떤 맥락에서 성노동을 '강간을 사고파는' 행위라는 표현이 나오는지를 보아야 할 것 같습니다. 그렇게 말씀하시는 분들은 '성노동=강제성을 갖는 성행위'라는 생각을 갖고 있습니다. 하지만 성노동자 입장에서도 그럴까요? 실제로 먹고살기 위해 원하지 않는 성행위를 해야 한다는 의미에서는 '강간'이 맞을지도 모릅니다. 굉장히 솔직한 표현이지요. 개인적인 감상으로는 그럴 수 있습니다. 하지만, 성노동이라는 현상은 그런 도식으로만 설명될 수 있을 만큼 단순하지 않습니다. 실제로 성노동이라는 행위를 리드하고 주도하는 것은 성노동자이기 때문입니다. 이것은 많은 당사자들이 동의하는 부분이고, 여기에서 자신의 힘을 느낀다고 고백하는 성노동자들도 상당히 많습니다.

　전자의 경우에는 인과를 분명히 바로잡지 않은 상태에서 흔히 저지를 수 있는 논리적 오류입니다. "성노동을 인정하게 되면 사회·경제적 약자들이 늘어나는 것"이 아니라, "사회·경제적 약자들이 늘어나기 때문에 성노동이 만연한 것"입니다. 물론 성노동운동을 하는 사람들은 '현대의 성노동은 옳지 않다'는 문제의식을 가지고 있고,

'정당한 성노동'에 대한 청사진을 그려나가고 있기 때문에, 여기에서의 성노동은 '현대의 성노동', 즉 사회적 안전망이 갖춰지지 않은 상태에서 만연하게 되는 성노동을 의미합니다. 이렇게 전제한 뒤 말씀드리자면, 그분들이 주장하셔야 할 것은 사회적 안전망 구축이지 성노동의 폐절이 아닙니다. 빈곤하기 때문에 억지로 성노동을 하는 상황에 내몰리지 않도록 하는 안전장치가 시급함을 주장해야 하는 것입니다.

더불어 그러한 안전망을 갖춰나가는 과정에서 빈곤의 문제로 인해 성노동에 종사하는 당사자들이 보다 안전한 환경에서 노동할 수 있도록 처우 개선을 요구해야 합니다. 적어도 사회 진보를 위해 운동하는 사람들이라면 당사자들 입장에서 생각해야 합니다. 사회모순, 인간적 착취, 모두 타당한 비판이지만 적어도 당사자에게 선택 가능하고 현실적인 무언가를 제시해야죠. 그렇지 않은 비판은 그저 그 사람의 존재를 부정하는 맹목적인 비난에 불과합니다. 우리는 기억해야 합니다. 문제의 근원을 해결하지 않은 상태에서 당사자들이 사라지는 것이 곧 모든 문제의 해결이라 여기고 그것을 바라는 것은 옳지 않다는 것을 말입니다. 그렇게 해서는 어떤 문제도 해결되지 않아요.

지승호: 그렇긴 합니다만 성매매의 비윤리성과 사회구조적 모순을 지적하는 분들 역시 성노동자들의 고통을 줄이고자 하는 취지라고 생각합니다. 상황이 복잡하긴 합니다만. 여성의 사회적 지위가 올라가면 자연스레 성노동에 종사하는 분들의 수도 줄지 않을까 하는 거고요.

밀사: 저도 동의해요. 억지로 성노동하는 건 개인적으로나 사회적으로 볼 때 바람직하지 않죠. 그런데 제가 지적하고 싶은 부분은 성노동을 바라보는 세상의 '이중성'입니다. 이를테면 신체적, 정신적으로 취약한 직종은 여러 가지가 있잖아요. 일례로 막노동하는 분들, 이분들 엄청난 노동강도와 저임금에 시달리지요. 돈을 떼이기도 일

쑤입니다. 혹시 이분들한테도 성노동자들에게 그러듯이, 순결한 인간의 노동을 팔아서 먹고살다니 부끄러운 줄 알라고 훈계하는 분들이 계시던가요? 과장되긴 했지만, 유독 성노동자들에게만 가혹한 잣대를 댄다는 말씀을 드리고자 하는 겁니다. 그건 바로 '성'을 대하는 태도 때문이에요. 그냥 노동이 아니라 '성노동'이기에 그토록 많은 사람들이 민감해지는 겁니다.

모든 걸 상품화해서 거래하는 사회에서 왜 성노동만큼은 인정할 수 없는 걸까요? 지금까지 우리 사회에서 돈과 힘을 가진 남자는 언제든 손쉽게 여성의 성을 살 수 있었습니다. 성매매금지가 법으로 제정된 이후에도 그런 현실은 전혀 달라지지 않았어요. 누구나 알고 있듯이 상품으로서의 성은 오래전부터 존재해왔습니다. 다만 이걸 '거래'로 인정하기 싫어한다는 거예요. 거래는 동등한 거잖아요. 그런데 그럴 수 없다는 얘깁니다. 성(性)을 사는 사람은 있어도 파는 사람은 없는 사회, 그 속에서 성노동자는 유령처럼 살아가고 있는 거예요.

지승호: GG도 그렇고 항상 주장하시는 것이 성노동은 고도의 감정노동이자 육체노동이라는 건데요. 현대의 거의 모든 직업들이 그런 요소들을 조금씩은 가지고 있고요. 그럼에도 유독 '성'에 대해서만 '노동'과 결부시키기를 꺼리는 데에는, 말씀하신 대로 성을 대하는 이중성과도 관련이 있는 것 같습니다. 우리 사회가 그만큼 전근대적인 성담론에 둘러싸여 있기 때문인지도 모르겠고요.

밀사: 앞서 누누이 강조했지만, 당사자들도 그런 담론에 큰 영향을 받습니다. 그래서 성노동운동이 신경 써야 할 것은 기존 성담론에 대한 계속적인 문제제기입니다. 사람들의 상식에 의문을 던지고, 생각의 폭을 넓힐 기회를 마련해야 해요.

지승호: 잠시 GG 이야기를 좀 하지요. 구성원들의 성향은 어떤가요?

밀사: 보통 사람들처럼 성노동자들도 성격이 각각 다릅니다. 다만, 성노동이 감정노동이기도 하기에 손님들의 요구에 부응해야 합니다. 구매자들이 어떤 전형화된 '역할'을 기대할 때가 있어요. 예컨대 제 경우는 아예 엄마라고 부르는 사람들이 많았어요. (웃음)

지승호: 호스트바에도 '아빠방'이 있다고 하잖아요. 꽃미남도 아닌 40대 아저씨를 찾는 사람들이 있다는 거예요. 꽤 많다고 합니다. (웃음)

밀사: 사람들의 욕구는 다양해요. 다양한 성적 취향을 가지고 있지요. 충족하고 싶은데 일상에서는 도저히 안 되는 거예요. 그래서 성노동의 문제는 성적 권력관계의 문제, 노동의 문제이자 욕망의 문제입니다. 이런 것들을 함께 놓고 봐야 해요. 그렇지 않으면 장님 코끼리 만지는 격이 됩니다.

해외의 성노동운동

지승호 : 얼마 전 일본에 다녀오셨죠. 그 후 트위터에 "일본의 성노동자 단체 스와시(SWASH)와 진행한 연대활동을 통해 확실히 깨달은 것이 있다"고 하셨는데요. 구체적으로 말씀해주실 수 있을까요?

밀사 : 일본은 우리와 상황이 많이 달라요. 일단 아웃리치[11]를 할 수 있다는 것이 정말 신기했어요. 우리라면 업주들이 바로 내칠 텐데. 또 하나는 바로 운동에 대한 저의 입장에 관한 것이었어요.

> 11) outreach. 성노동자 방문지원.

　학생으로서 운동을 배워나가던 시절에는, 일단 튀지 않으려고 애썼습니다. 운동판에서 나쁜 인식을 주면 안 되겠다, 티눈이 박히면 안 되겠다, 싶었거든요. 그래서 생각이 다른 여성운동가들과도 부딪치는 대신 설득을 했습니다. 성노동운동은 여성운동의 연장선이라는 식으로 말이죠. 그렇지만 일본에서는 굳이 성노동운동을 여성운동의 테두리 안에 두지 않는다는 인상을 받았습니다. 분야가 다르다는 거죠. 성노동은 '성'과 '노동'의 결합이기에, 어디에도 포섭되지 않는 독특한 영역이 성노동론에는 분명히 자리합니다. 드물지만 여성주의적 지향과 충돌 지점이 생기기도 해요. 그러지 않도록 전략적으로 담론을 구성해야겠지만, 만에 하나 충돌한다면 그 시점에는 내 입장을 분명히 가져야 한다는 생각이 들었습니다. 저는 어쨌거나 성노동 운동가입니다. 비록 사람들에 의해 제가 여성주의자로 정체화되어버린 감이 있고 그걸 부정할 수는 없지만, 그리고 성노동 운동가와 여성주의자가 서로 반의어는 아니지만, 그래도 둘 중 하나를 선택해야 하는 순간이 온다면 그때는 성노동이다, 라고 스스로 결심한 거예요. 개인적으로 일본 방문에서 얻은 가장 큰 수확이었어요.

지승호: 말씀하신 일본도 그렇고, GG가 외국 단체와의 연대 활동을

많이 했는데요. 또 어떤 나라를 방문했었죠?

> **밀사**: GG 활동가들이 태국을 방문한 적이 있습니다.

지승호: 해외의 사례를 접하면서 또 어떤 생각을 하셨나요?

> **밀사**: 직접 가서 보거나 전해들은 바에 의하면, 분명히 앞서 가는 나
> 라들이 있다는 거였어요. 성매매를 합법화한 나라의 경우 자국의 성
> 노동자를 보호하는 제도적 장치가 있었습니다. 이들은 이제 다른 고
> 민을 하고 있어요. 예컨대 이주 성노동자들을 어떻게 지원할 것이냐
> 하는 것 같은 문제들입니다. 우리와는 차원이 다른 고민인 거죠. 그
> 런 나라는 성노동자에게 실질적으로 필요한 것이 무엇인지, 어떻게
> 해야 하는지 등에 대한 노하우가 있더라고요. 우리가 많이 배워야 한
> 다고 생각했습니다.

지승호: 밀사 씨는 성노동을 비범죄화해야 한다고 주장하시고 있는
데요, 실제로 그런 나라가 적지 않나요? 호주의 일부 주와 뉴질랜드,
네덜란드 정도인 걸로 압니다만, 현실적으로 어렵지 않을까요?

> **밀사**: 쉽지는 않습니다. 한국 사회의 보수성도 문제지만 현장에도
> 성노동의 합법화를 반기지 않는 사람들이 있어요.

지승호: 어떤 이유에서요?

> **밀사**: 성노동이 합법화되면 기업형태로 운영될 거고 그러면 자신들
> 이 손해를 보게 될 것으로 생각하는 거예요. 지금까지는 성산업의
> 체계가 어느 정도 전근대적이고 관습적인 측면이 있거든요. 예컨대
> 사업주는 건물 관리, 성노동자는 서비스, 이런 식으로 역할이 나뉘어
> 있고 이윤도 5:5, 6:4 이런 식으로 분배하고 있습니다. 합법화되면

이런 룰이 깨지고 어떻게든 돈 있는 쪽에 유리하게 재편될 거라는 거예요. 힘없는 성노동자들 입장에선 싼값에 몸을 내놓아야 하는 상황이 될 수도 있는 겁니다. 설득력이 있어요. 여기에 대해 아직 이렇다 할 입장을 정리하지는 못했습니다. 비범죄화 이후의 상황을 지금 당장 예측하기는 어려운 일입니다. 비범죄화 이후에도 상황이 쉽지는 않을 겁니다. 그런 의미에서 성노동의 비범죄화는 운동의 시작일 뿐이에요. 그러니 성노동운동은 보다 시야를 넓게 트고 현재의 상황과 미래의 상황을 유기적으로 진단하여 현장의 어려움을 줄여나가는 동시에 올바른 청사진을 그려내는 데에 매진해야 할 것입니다.

지승호: 일단 비범죄화가 되고 나면 오히려 더 복잡한 문제들이 발생할 수도 있다는 얘기네요. 예컨대 독일은 성매매업 합법화 이후 부작용 논란이 있었고요.[12] 네덜란드나 헝가리는 아예 국가가 나서서 공창(公娼)을 운영하고 있습니다. 반면 과거 합법이었던 스웨덴은 1998년부터 다시 불법화했거든요. 이 나라는 현재 종사자는 보호하되 구매자는 처벌하는 식으로 하고 있습니다. 성노동자의 권리 보장 차원에서 어떤 게 더 바람직할까요?

12) 2001년 독일의 사민당 – 녹색당 연합정권은 "성매매 종사자가 적절하게 고용계약을 체결하고, 사회보험을 제공하며, 사회적 보호를 향상시키"고자 성매매업을 합법화한다. 이후 관련 산업이 급성장하고 가격경쟁이 치열해지면서 이주노동자들이 대거 유입되고 성노동자의 임금이 감소하는 등 부작용이 나타나 사회적으로 논란이 되었다.

밀사: 각 나라마다 상황이 다릅니다. 독일의 경우는, 말씀하셨다시피 성매매를 합법화한 '연방법'이 있지만 그걸 해석하고 적용하는 건 '주'의 권한입니다. 그래서 다양한 양상을 보이는데 거의 불법이나 다름없는 곳도 있어요. 예컨대 성매매 자체는 합법이지만 풍기문란죄, 호객행위 금지, 이런 규정을 적용하는 겁니다. 완전히 합법화된 건 아니라는 거죠. 그리고 말씀하신 대로 합법화에 따른 부작용이 있습니다. 저는 이것이 올바른 성노동자 권리보장으로 가는 과정에

서 생기는 시행착오라고 봐요. 중요한 건 독일 사회에서 성노동에 대한 사회적 논의가 진지하게 이뤄지고 있다는 거거든요.

그런 의미에서 뉴질랜드는 모범적인 나라라고 할 수 있습니다. 이쪽은 사실상 최초로 완전한 비범죄화가 이루어진 나라라고 할 수 있는데, 성노동자가 다른 노동자와 동일한 법적 지위를 가집니다. 연간 휴가, 출산 휴가, 최소 수입 같은 것들이 보장된다는 거예요. 직업인으로서 세금도 내고 연금도 받습니다. 반면 미성년자, 이주노동자의 자국 내 성노동, 성노동자에 대한 폭행 등은 엄격한 법의 처벌을 받습니다.

애매한 게 스웨덴 같은 경우인데요. 여기는 성구매자 처벌법이라는 게 있습니다. 스웨덴에서는 성을 파는 건 죄가 아니에요. 성노동자는 보호해주겠다는 건데 현실은 그렇지가 않아요. 성노동자들이 더욱 열악한 상황에서 일을 하게 됩니다. 예컨대 스웨덴에서는 성노동자가 둘이 함께 일할 수 없어요. 알선죄로 처벌받습니다. 성노동자가 한 명 한 명 고립되는 거예요. 노동자의 고립은 곧 연대의 어려움으로 이어지기에 노동권에도 심각하게 손상이 옵니다. 게다가 구매 자체가 불법이니 더욱 은밀하게 거래됩니다. 성노동자는 구매자에 대한 충분한 정보를 얻지 못한 상태에서 일해야 합니다. 구매자들은 증거가 남을까봐 콘돔도 잘 안 쓰려고 해요. 자기들 딴에는 전위적인 법을 만들었지만 상황은 더욱 안 좋아진 케이스입니다.

눈여겨볼 것은, 유럽의 다수 나라들은 정도의 차이가 있기는 하지만 성노동자를 처벌하지 않는다는 점입니다. 우리와 다른 점이죠.[13)]

13) 한국에서는 '성매매알선 등 행위의 처벌에 관한 법률'과 '성매매방지 및 피해자 보호 등에 관한 법률'인 성매매특별법이 2004년 9월 23일부터 본격 시행되었다. 이 법에 의하면 성매매자는 1년 이하의 징역 또는 300만원 이하의 벌금, 구류 또는 과료에 처할 수 있도록 규정하고 있다. 2013년 1월 성매매 행위로 기소된 여성이 이 처벌 조항과 관련해 헌법재판소에 위헌 여부 심판을 제청했다. 강요되지 않은 성매매는 성적 자기결정권에 해당하는 만큼 허용돼야 한다는 취지다.

지승호 : 문화적 차이도 있겠습니다. 유럽인들은 비교적 성에 대해 개방적이잖아요. 개인의 욕망을 국가가 나서서 규제해야 하느냐는

생각이 강하고요. 법이나 제도라는 것이 사회 구성원의 사고방식과
도 밀접한 관계가 있을 듯한데요. 외국의 사례를 보았을 때 우리의
지향은 어떠해야 할까요?

밀사: 크게 두 가지를 들 수 있겠습니다. 하나는 성노동자들의 실질
적인 복지의 증진이고 또 하나는 사회적 통념의 변화입니다. 이를테
면 성노동자들이 무료로 성병 예방조치와 건강검진을 받게 한다거
나, 열악한 환경에 놓인 이들을 위해 다양한 복지혜택을 마련하는 것
입니다. 지금도 관련 법이 있는 것으로 압니다만, 현실적으로 별 도
움은 안 되는 것 같아요.[14]

그리고 바뀌어야 할 것이 바로 사회적 통념 즉, 사람들의 생각입니
다. 여전히 한국은 성노동자를 대하는 편견과 차별이 매우 심해요.
이에 대해선 성노동자 차별금지법 같은 제도적 장치를 마련할 수도
있겠고 다양한 홍보활동과 문화운동을 통해 왜곡된 시선을 바꿀 수
도 있겠지요.

14) "성매매를 방지하고, 성매매피해자 및 성을 파는 행위를 한 사람의 보호와 자립
을 지원하는 것을 목적"으로 '성매매방지 및 피해자보호 등에 관한 법률'이 시행되
고 있다. 이 법에 의하면 "국가와 지방자치단체는 성매매를 방지하고, 성매매피해자
및 성을 파는 행위를 한 사람의 보호와 자립을 지원하기 위하여 법적·제도적 장치를
마련하고 필요한 행정적·재정적 조치"를 해야 한다.

실험과 가능성

지승호: 성노동자 권리 지지 운동 모임인 GG에 관심을 가진 계기가
있으신가요?

> **밀사**: 사실은 그런 데가 있는지도 몰랐어요. 2010년 말에 제가 '성
> 노동 실험'을 실천하고, 그 내용을 블로그와 트위터에 올렸을 때도
> 그랬습니다. 당시 제 팔로워 중 한 분이 GG에서 활동을 하신 분이었
> 습니다. 당시 GG는 대만의 성노동자 모임인 코스와스(COSWAS)와의
> 연대 사업을 기획하고 있었어요. 워낙에 사람 구하기가 어려웠을 때
> 여서, 제가 동참하기로 했습니다. 혼자서 외롭게 가던 때라 길잡이가
> 필요했던 순간 GG가 손을 내밀어준 거죠. 한국에도 이런 모임이 있
> 구나, 힘닿는 한 참여하고 싶다고 생각했습니다. 하다 보니 붙잡혀서
> 지금까지 오게 됐어요. (웃음)

지승호: 학교에서 여성주의 수업을 듣다가 직접 성노동을 해보겠다
고 마음먹었다고 들었습니다. 말하자면 수업의 의도와는 다른 생각
을 하신 건데요, 평소에 반골 기질이 있었던 건 아닌가요? (웃음)

> **밀사**: 지인들의 이야기에 따르면 제가 고등학교 때엔 반여성주의자
> 였대요. (웃음) 당시엔 여성주의에 대한 불신이 있었던 거 같아요. 뭔
> 가 합리적이지 못한 부분이 눈에 띄었던 거죠. 더 알고 싶어서 대학
> 에서 여성학을 공부했습니다. 그러다 성노동에 대해 관심이 생기면
> 서 직접 몸으로 뛰어든 거예요. 지금 생각해보니, 성노동에 관심을
> 갖지 않았더라면 디시(dcinside.com)나 일베를 비롯한 여성혐오 집단
> 에서 '개념녀' 소리를 듣고 싶어하는 명예남성이 되었을지도 몰라
> 요. 성노동운동을 통해 여성주의자가 된 특이한 케이스죠. 개인적으
> 로는 참 다행한 일입니다.

지승호: 성노동에 관심을 갖게 된 특별한 계기랄까 동기 같은 게 있나요?

밀사: 제가 '성노동'이라는 단어와 개념을 처음 접한 것은 2010년 말에 '남로당'(남녀불꽃로동당)이라는 사이트에서 읽은 "노동자다, 아니다 – think about sexworker"라는 칼럼에서였어요. 이러한 시각도 있구나. 신선한 충격이었습니다. 그때부터 성노동에 대해 고민하기 시작했습니다. 제 살아생전 그만큼의 열정을 불태운 때가 없었던 것 같아요. 그 주체할 수 없었던 에너지가 '성노동 실험'이라는 실천으로 이어졌던 거고요. 그때에는 저의 실험이 사회적으로 조금이나마 반향을 불러일으키지 않을까. 그래서 성노동에 대한 사회적 인식을 조금이나마 개선할 수 있지 않을까 하는 바람 같은 것이 어렴풋이 있었습니다.

지승호: 대가가 클 수도 있는 선택이었는데요, 개인적인 희생이 있을 수도 있고요. 거기에 대한 두려움 같은 것은 없었나요?

밀사: 나름대로 원칙이 있었습니다. 심신의 건강을 최우선으로 생각한다, 피임 및 성병 예방을 위하여 콘돔을 꼭 사용한다, 정신적으로나 육체적으로 한계라고 생각되면 즉시 실험을 그만둔다, 같은 것들이죠. 그 후로 제 인생이 180도 바뀌었죠. 지금에 와서는 '보다 전략적이었다면 더욱 큰 성과를 거둘 수 있었을 텐데' 같은 실천과 관련한 아쉬움은 있지만, 값진 경험이었다고 생각해요.

지승호: '성노동 실험'에 대한 사람들 반응은 어땠나요?

밀사: 트위터나 블로그 같은 온라인 매체를 이용했는데요. 익명성이 보장되는 곳이다 보니 무차별적인 공격도 있었습니다. 비난이 심하기도 했고, 스스로도 보다 많은 고민을 해야겠다는 생각에 아예 비

공개로 바꿨어요. 그러다가 '이대로 질 수는 없다'는 오기가 생기더라고요. 명백한 모순을 발견한 이상 어떻게든 보다 많은 사람들에게 알리고 싶었어요. 성노동에 대한 왜곡된 생각들, 편견에 저항해야 한다고 생각했습니다.

지승호: 말씀하셨다시피 그 내용을 지금까지 비공개로 하고 계시잖아요. 혹시 나중에라도 정리해서 공개할 생각은 없으신가요?

밀사: 지금 당장 공개할 생각은 없어요. 공개를 하더라도 각주가 필요하겠지요. 아직은 판단이 서질 않습니다. 지금 봐도 부끄럽다가도 한편 잘했구나 싶어 스스로 대견하기도 합니다.

지승호: 당시 실험에 대해 개인적으로 어떤 평가를 내리고 계신지요. 성공적이었나요?

밀사: 저의 의도와는 상관없이 실험 자체가 호기심의 대상이 되었던 것 같습니다. 제가 나이 어린 여대생이 아니라 실제로 현장에서 일하는 성노동자였다면 어땠을까 생각해봤죠. 씁쓸한 일이지만 결국 제 일지는 성노동에 대한 문제제기보다는 일종의 가십으로 소비되었잖아요. 이런저런 반응들을 살펴보면서 저 자신의 위치에 대해 생각해보았습니다. 내가 정말 당사자성을 충분히 담지하고 있었나, 애초부터 성노동자와는 거리를 두고 실험을 진행한 건 아니었는지 여러모로 고민과 반성을 했습니다. 운동적 효과만 놓고 생각하자면, 일단 성노동이라는 개념을 불특정다수에게 어필한 점에 있어서는 꽤 성공적이었다고 생각해요. 무엇보다도 이 실천을 계기로 제가 GG에서 활동할 수 있게 된 것이, 그러니까 저의 실천이 일회성으로 그치지 않고 운동 조직을 만나 지속적으로 이어질 수 있는 발판을 마련한 것이 개인적으로는 가장 큰 수확이었습니다.

지승호: 현실에서 성노동이 열악한 환경에서 이뤄지고 있다고 지적하셨는데요. 실험을 진행하면서 그 부분에 대해서는 어떻게 느끼셨습니까?

밀사: 실제로 행동하기 전에도 위험할 수 있겠구나 하는 생각이 들었습니다. 위험하긴 했죠. 돈을 떼이기도 하고 폭력에 노출되기도 했으니까요. 성노동자라면 누구나 한 번쯤은 겪었을 일들이죠. 이런 말을 별 감흥 없이 이야기하는 제 자신이 참 싫네요.

지승호: 여러모로 힘든 선택이었을 것으로 봅니다. 혹시 후회하신 적은 없나요?

밀사: 그런 적은 없습니다. 앞으로도 후회하지는 않을 것 같고요. 주변의 걱정과 비판을 의식하지 않는 건 아니지만, 예컨대 목적을 실천하는 방법이 비윤리적이지 않았느냐 같은 비판을 하시는 분도 계시고 그에 수긍하는 바가 없지는 않습니다만 지금으로서는, 저는 그 당시 할 수 있는 일을 했을 따름이라고밖에 달리 할 수 있는 말이 없습니다. 아무튼 지금껏 제 힘이 닿는 만큼은 해왔다고 생각합니다. 지금은 제게 주어진 삶을 얼마나 성실하고 치열하게 살아가느냐가 주된 관심사입니다. 부끄러워하거나, 자책할 필요는 없다고 생각해요. 살아남는 것도 실천이니까요. 성노동 운동가로서 자신을 용납할 수 있어야 한다고 생각해요.

역사상 가장 오래된 직업

지승호: 올해 1월 트위터에 "정말로 당연한 이야기지만 또한 매우 조심스러운 이야기인데, 성노동자를 향한 낙인의 형성에는 성노동자 자신도 어느 정도 기여하고 있다는 것이다"라는 말씀을 하셨는데요, 어떤 의미인지요.

밀사: 성노동자는 '창녀'를 연기합니다. 이것이 무슨 이야기냐면, 사회문화적으로 구성된 '창녀'의 이미지가 있고, 성노동자들은 그 이미지를 연기함으로써 자신의 생계를 유지한다는 것입니다. 실제로 자신의 일에 자부심이 있고 노동자로서의 의식이 있는 당사자라고 할지라도 돈을 벌기 위해서는 구매자가 요구하는 것을 제공해야 합니다. 말하자면 '창녀'라는 이름의 판타지를 판매하는 것이죠. 이러한 과정이 반복되면서 '창녀 판타지'가 유지되고, 재생산되는데, 바로 이것이 성노동자를 향한 낙인을 강화합니다. 노동자 역시 자본주의 체제를 강화하는 주체라는 사실과 일맥상통하는 이야기라고 할 수 있습니다. 이를 극복하려면 성노동자들의 연대가 필요한데 그마저도 각자 처한 상황이 다르다 보니 여의치가 않아요.

지승호: 정부기관인 여성가족부의 공식적인 조사를 따르더라도 우리나라의 성노동자 수가 2007년 기준으로 27만 명이나 된다고 합니다. 전문가들은 훨씬 많다고 주장하고 있습니다. 이렇게 많은 성노동자들을 운동적 차원에서 묶어낼 방법은 무엇일까요?

밀사: 성노동 담론을 좀 더 대중화해야 한다고 생각해요. 성노동자들 뿐만 아니라 일반인들의 인식 속에 성노동이 떳떳한 하나의 직업으로 자리 잡을 수 있도록 해야죠. 분위기가 무르익으면 성노동자들도 하나 둘 힘을 합쳐 자기 목소리를 낼 수 있을 것으로 봅니다.

지승호: 운동의 대중성을 확장해야 한다는 얘기인가요?

밀사: 네, 저는 대중성이야말로 사회 운동에서 가장 중요한 것이라고 생각합니다. 이를 위해서는 실천을 위한 전략도 유연하게 변화시킬 수 있어야 해요. 저는 그렇게 생각합니다. 그래야 성노동 담론도 변화·발전할 수 있을 거고요.

지승호: 지금까지 성노동운동이 취해온 전략이랄까 그런 것들은 무엇이 있을까요?

밀사: "성노동도 노동이다"라는 구호로 요약할 수 있어요. 우리도 노동자라는 거지요. 성노동이 다른 노동과 다르지 않다는 점을 끊임없이 강조해왔고 그것이 꽤 유효했던 것 같아요. 종사자는 물론 구매자조차 추하고 부끄러운, 부정적인 것으로 인식해온 성노동에 대해 새로운 시각을 제시한 거예요. 변화는 가능합니다.

지승호: 거기에 대해 여성계의 반발이 만만치 않았는데요, 어떤가요?

밀사: 여성성의 도구화를 부추긴다는 비판을 많이 받았죠. 하지만 그러지 않고 실재하는 성노동자들의 권리를 보장할 방법이 무엇인가요? 존재하는 것을 왜 끝까지 부정해야 합니까? 그런 닫힌 시각은 여성주의에도 좋지 않은 영향을 끼칠 거로 봅니다. 여성주의의 이분법적인 사고 자체가 갖는 한계일 수도 있다고 생각합니다. 가부장제는 남성만이 만든 것이 아니고, 거기에 여성이 복무한 부분이 분명히 있거든요. 애초에 지배 이데올로기라는 것이 지배자와 피지배자 모두의 합의를 전제하니까요. 특히 우리나라의 가부장제는 자본주의, 신자유주의 체제와 결합하면서 개개인의 삶에서 영향력을 키워가고 있습니다. 그런 상황에서 그들로부터 빼앗긴 여성성을 되찾아와 '훼손되지 않은 오롯한 여성성'을 재구성하는 것이 가능할까요, 그러면

세상이 달라질까요? 저는 이분법적인 대립관계 속에서 투쟁방향을 설정하는 방식으로는 결코 성공할 수 없다고 생각합니다. 전망을 가지려면 좀 더 현실을 직시해야 한다고 봅니다.

지승호: 밀사 씨는 트위터를 통해 "나는 성노동운동이 명백히 절망에 기반한다고 생각한다. 성노동운동은 그 절망을 직시하고 수인하며 현실 세계에서 실천 가능한 것들을 설계하고 제시할 것을 요구한다"라고 말씀하셨는데 뭘 의미하는 건가요?

밀사: 절망 속에서 기반들을 만들어야 한다는 거죠. 물속으로 가라앉지 말고, 부표라도 붙잡고 있어야 한다는 얘기입니다. 운동이 환상일 수는 없잖아요. 바다에 빠진 사람한테 당장 육지를 찾아가자고 하면 얼마나 황당해요. (웃음) 성노동운동은 그런 차원에서 이해해야 한다고 생각합니다. 물론 성노동운동 내부에서도 기대치는 높아요. 상당수가 완전한 패러다임의 변화를 추구합니다. 성노동이 서비스를 거래하는, 긍정적이고 주체적인 개념으로 자리 잡아야 한다고 보는 거죠. 아직은 먼 얘깁니다. 운동의 역사가 깊은 유럽에서나 가능한 일이죠. 하지만 분명한 사실은 '역사상 가장 오래된 직업'인 성노동자가 사라질 수는 없다는 거예요. 이 절망적인 사실을 어떻게 받아들여야 할까요. 그 안에서 고통받는 사람들을 생각하면 멀고 헛된 희망보다는 조금이라도 빨리 그 고통을 덜어내는 일이 우선인 겁니다. 현대까지 이어져 온 양상으로서의 성매매는 옳지 않습니다. 그 안에는 본질적으로 폭력성이 존재하고요. 하지만 그만큼이나 확실한 사실 하나는, 그러한 현실은 분명히 나아질 수 있다는 겁니다. 외국의 사례가 충분히 이를 입증하고 있잖아요. 피하지 않으면 희망이 보입니다.

지승호: 모든 운동이 단기 목표가 있을 수 있고, 장기적인 목표가 있을 수 있잖아요. 말씀을 들어보면 1차적인 목표가 성노동의 인정, 즉

비범죄화인 것 같은데요, 그 이후에 대한 어떤 장기적인 비전 같은
것이 있나요?

밀사: 장기적인 운동 목표요? 성매매는 폭력적이지 않다, 인간의 욕
망을 사고파는 것일 뿐이다, 성노동자도 직업인으로서 자부심을 갖
고 살 수 있어야 한다, 국가는 이를 위해 제도적 지원을 아끼지 말아
야 한다, 뭐 이런 인식을 심어주는 겁니다. 어쩌면 생각지도 못한 순
간 변화가 찾아올 수도 있어요. 우리는 아직 성노동의 완전한 긍정을
경험해보지 못했잖아요. 어느 누구도 상처주지 않는 성노동에 대해
서 상상해본 적이 없잖아요. 저는 여기에 성노동운동의 가장 큰 희
망이 담겨 있다고 생각합니다. 세상은 아주 느리게 변화하는 것처럼
보이지만, 어느 순간 깜짝 놀랄 정도로 바뀌어 있기도 하잖아요. 현
실은 믿는 만큼 드러나고 변화합니다.

지승호: 성노동운동의 당위성을 말씀하실 때 주로 현실론을 드는
것 같습니다. 요약하면 '과연 성매매를 현실적으로 없앨 수 있느냐.'
는 것이잖아요. 성매매 합법화에 대해 여성주의자들이 반대하는 가
장 큰 이유가 '아무리 그래도 어떻게 돈을 주고 성을 사고파느냐.'
하는 것이고요. 운동이라는 게 늘 당위와 현실 사이에서 고민하게 되
는 측면이 있습니다. 과연 이 두 입장 사이에 타협은 불가능한 걸까
요?

밀사: 여성주의와 성노동운동은 부딪치는 지점도 있지만 궁극적인
목표는 같습니다. 모든 여성이 착취받지 않고 정당하게 자기 권리를
인정받으면서 살아가자는 거잖아요. 문제는 항상 '어떻게'에서 나오
지요. 분명한 건 '금지'가 답은 아니라는 겁니다. 성노동 문제는 빙산
의 일각으로 비유할 수 있습니다. 그 아래에는 보다 근원적이고 깊은
문제, 이를테면 성관념, 인권, 노동권, 여성주의, 자본주의 등의 여러
이슈들이 유기적으로 뒤엉켜 있어요. 저는 성산업의 장이 사회의 모

든 문제들이 겹쳐진 가장 첨예한 각축장이라고 봐요. 그래서 문제의 근본부터 짚어나가며 진단하지 않으면 성노동 문제는 절대로 해결될 수 없다는 것입니다. 우리가 성노동 문제를 대할 때엔 최소한 이 정도의 성찰은 필요하다고 생각합니다. 성노동 운동가로서 저의 바람은 소박해요. 부디 색안경을 끼고 바라보지 말아 달라는 거예요. 한 사람의 여성이자 노동자로서 성노동자도 떳떳하게 자기 권리를 주장할 수 있잖아요. 문제는 서로를 인정하지 않으려는 데에서 생기는 거라고 저는 생각합니다.

성노동자를 지지한다 – 운동단체 GG

지승호: 지금 GG에서 활동하는 회원은 몇 분 정도인가요?

> **밀사**: 줄었다 늘었다 하는데, 열서너 명을 유지하고 있어요. 앞으로 회원수를 늘릴 계획입니다.

지승호: 같이 활동을 하려면 뜻도 맞아야 하고, 성격이나 이런 것도 맞아야 하잖아요. 가입 절차는 어떻습니까? 이를테면 기존 회원들이 신입 찬반 투표를 한다거나.

> **밀사**: 그 부분을 요새 고민하고 있어요. 어떻게 회원을 받아야 하나. 저는 처음부터 진입 장벽을 높여야 한다고 주장하는 쪽이었어요. 운동을 진지하게 생각하는 분들이 함께해야 발전할 거로 봤으니까요. 신기해서, 혹은 자기 과시욕 때문에 이쪽 일을 하려는 분들은 가급적 안 받아요.

지승호: 어떤 모임이든 사람이 모이다 보면 갈등이 생기기 마련입니다. 그래서 더욱 회원관리랄까 그런 것도 고민하게 되고요. 놀자고 모인 인터넷 커뮤니티에서도 갈라서고, 상처받고 하더군요. 운동 지향성이 있는 모임은 이런 위험성이 더 큰 거 같은데요. 서로 비난하고 깎아내리다가 결국은 조직이 깨지기도 하거든요. 예전에 밀사 씨가 개설한 Ask.fm 계정에서 GG와 밀사 씨에 대한 논쟁이 있었던 걸로 압니다만, 어떻습니까, 갈등이 있었나요?

> **밀사**: 독한 얘기 정말 많이 들어요. 어제오늘 일은 아니지만요. (웃음)

지승호: 운동 자체가 현실에 안주하려는 사람, 보수주의자들을 불

편하게 하는 일이잖아요. 운동가들이 감내해야 하는 부분이기도 한데요. 가랑비에 옷 젖는다고, 그래도 인간인지라 자주 그런 비난을 듣다 보면 힘들지 않나요?

밀사 : 저 개인에 대한 비난이 아니잖아요. 제가 하는 말, 저의 주장이 마음에 안 드는 거지요. 그럴 수밖에 없는 맥락이 있는 거고요. 악플은 그들의 정서랄까 이런 걸 보여주는 일종의 현상이지, 제가 저의 에너지를 낭비하면서까지 대응해야 할 건 아닌 거 같아요. 제 감정을 소진할 이유가 없어요.

지승호 : 이유도 없이 싫어하는 사람들 있잖아요. 초등학생들처럼 즉자적인 반발심일 수도 있고요. 하지만 한때 운동을 지지하셨던 분의 비난이라면 좀 다를 거 같은데요.

밀사 : 상처야 되지만 그렇다고 어쩌겠어요. 방법이 없죠, 뭐. (웃음) 다만, '어째서 이분이 이런 생각을 분출해야 할 만큼 실망하고 낙담하셨을까'에 대해서는 고민해요. 운동이라는 게 결국은 사람과의 일이니까요.

지승호 : 제가 좀 배워야 할 것 같네요. (웃음)

밀사 : 그래서 비판이든 비난이든, 그런 말들은 종종 저에게 도움을 줘요. 제가 하는 운동이 좀 더 힘을 얻기 위해 반성하고, 고민하게 해주는 것들이에요.

지승호 : 밀사 씨는 성노동자가 커밍아웃하는 것에 대해서는 어떻게 생각하세요. 동성애자 인권운동에서도 그런 얘기가 나오잖아요. '커밍아웃하는 사람이 많아져야 운동이 힘을 받는다'는 논리죠. 반면 그건 전적으로 본인의 선택에 맡겨야 한다, 굳이 안 하겠다는 사람에

게 커밍아웃을 강요해서는 안 된다는 의견도 있어요. 지금도 그 사이에서 많은 고민이 있는 걸로 아는데요. 어떠신가요?

> **밀사**: 우리나라에서 성 인식은 기본적으로 선정성을 수반합니다. 그 사람이 아무리 좋은 뜻으로 커밍아웃을 했다고 해도 언론에서 진지하게 그 취지를 살려줄까요? 일단은 '알리는' 게 중요하지만 그렇다고 무조건 많이 알리는 게 좋은 건 아니라고 생각합니다. 어떤 것을 알렸느냐, 즉 그 내용성을 봐야 한다는 거죠.

지승호: 아무래도 운동이라는 것은 한 사람 한 사람을 설득하는 과정이 중요하니까, 커밍아웃한 사람이 상대적으로 호감이면 운동에 도움이 될 것이고, 비호감이면 조금 줄 수도 있구요. 단순히 그렇게 볼 수도 있지 않을까요?

> **밀사**: 올바른 내용을 대중적으로 인지도가 있는 사람이 전달하면 그거야말로 금상첨화겠지요. 동성애 인권운동의 경우에는 연예인을 비롯해서 사회적 지명도가 있는 분들이 커밍아웃을 하면서 대중적으로 인식이 높아진 게 사실이에요.

지승호: 요즘은 동성애에 대한 사람들 인식이 많이 바뀌었어요. 이제는 동성애자로 커밍아웃을 해도 "뭘 굳이 그런 얘기까지 해, 별일 아니구만." 이런 식인 거죠. (웃음) 불과 수십 년 전만 해도 사람 취급을 못 받았을 텐데 말입니다. 그런 의미에서 성노동자의 상황은 훨씬 더 힘든 것 같습니다.

> **밀사**: 제가 트위터에 이렇게 쓴 적이 있어요. "이력서에 성노동자 경력을 당당히 써놓을 수 있는 세상을 원한다." 그런 세상이 오기까지는 정말 오래 걸리겠죠. 하지만 세상은 분명 그쪽으로 가고 있어요. 제가 비관적인 말씀도 많이 드렸습니다만, 멀리 보면 희망이 없는 건

아니에요.

지승호: 한국의 보수적인 가부장제야말로 큰 걸림돌일 텐데요. 이를
테면 간통죄의 경우, 지속적으로 위헌 소송이 제기되는데도 살아 있
단 말이지요. 물론 호주제 같은 경우는 전향적인 판결이 나오기도 했
습니다만, 성노동의 경우는 이러한 한국적 특수성을 감안해야 하지
않을까요?

밀사: 제 대에서 끝나지 않을 문제라고 생각해요. 평생 안 변할 거로
생각했는데 그나마 요 몇 년 사이에 변화의 조짐이 보이는 게 외려
신기할 정도로 말이지요. 길게 봐야죠. 역사적 진보는 항상 인간의
상상력을 뛰어넘는 법이니까요.

성매매특별법에 관하여

지승호: 2004년 성매매특별법이 발효된 지 올해로 벌써 10년이 됐는데요. 밀사 씨께서는 계속 이 법을 비판하고 계시지 않습니까? 트위터에도 "성구매자 혐오의 경향은 근대 사회와 관련된다고 진단한다. 여성을 수단화하지 말라는 테제를 내건 급진적 여성주의와, 소유한 능력과 기반에 따라 사람을 위계화하는 자본주의와, 변주를 거듭하는 낭만적 로맨스에 대한 관념이 이에 상당수 영향을 미쳤을 것이다"라고 쓰셨어요. 마치 성구매자를 옹호하는 듯한 발언으로 해석될여지가 있습니다만.

> **밀사**: 옹호할 뜻은 없어요. 다만, 실존하는 그들의 욕망에 대해 분석해볼 가치가 있는 거죠. 왜 인간은 성을 팔고 사는가, 중요한 문제 아닌가요? 성노동과 관련한 문제들을 해결할 핵심적인 열쇠라고 생각합니다.

지승호: 동기를 이해하는 것도 중요하지만 그 행위가 기본적으로 인간성을 파괴하기에 처벌이 우선해야 한다는 견해가 많습니다. 그것이 남성 권력으로부터 성매매 여성을 보호하는 사회적 진보라고 볼수도 있고요. 성매매특별법의 취지가 그런 거 아닐까요?

> **밀사**: 동의해요. 하지만, 성매매특별법이 현실적으로 그 취지를 잘살리고 있느냐는 따져보아야 할 문제입니다. 이전보다 성매매가 줄었나요? 오히려 음성화되었죠. 성매매 여성들이 보호되고 있나요? 오히려 단속을 피해가며 더욱 열악하고 은밀한 환경에서 일하게 되었습니다.

지승호: 법적인 장치 이전에 성노동 즉, 성매매에 대한 사회적 논의

가 더 필요하다는 말씀이신가요?

밀사: 성매매특별법의 모법(母法), 즉 성매매를 단속하던 법이 이전에는 「윤락행위 등에 관한 방지법」이었습니다. 이름에서도 느껴지시겠지만 성노동을 '윤리적으로 타락한' 행위로 봤잖아요. 그런 의미에서 보자면 성매매특별법은 종사자를 보호하려는 의도가 엿보입니다. 하지만 근본적으로 성노동자들의 삶을 개선하기에는 역부족인 거예요.

지승호: 성매매특별법 제정을 적극적으로 지원했던 여성단체 입장에서는 당혹스러운 지적일 것 같네요. 분명히 자기들은 성매매 여성들을 위해 좋은 일을 했다고 생각하고, '우리가 그들을 구원했다'고 자부할 수도 있을 텐데요. 막상 법이 시행되자 집창촌 여성들이 집단 시위를 벌이는 것을 보고 상당히 놀랐다고 하더군요. 법의 수혜를 받아야 할 당사자들이 오히려 반대를 하니까요. 애써 노력해 마련한 법을 당사자가 거부하는 이 모순된 상황을 어떻게 이해해야 할까요?

밀사: 당황해 하지 말고, 간파를 했어야죠. '아, 이걸 놓쳤구나!' 하고 말입니다. 그게 운동가로서의 올바른 자세입니다. '왜 저들이 나를 거부할까?' 이런 생각 자체가 오만한 겁니다. 자기들이 틀릴 수도 있다는 사실을 받아들이지 못하는 거예요. 성노동자들을 위한 법을 만든다는 사람들이 성노동자들에 대한 이해가 부족했잖아요. 있었다면 법을 그런 식으로 만들지는 않죠. 성매매특별법을 만들 때 법의 당사자인 성노동자들의 의견은 전혀 반영되지 않았습니다. 그 정도의 성찰도 없었다는 사실이 오히려 신기할 일인 거예요. 성노동자들의 저항은 예견된 일이었습니다.

지승호: 운동하는 사람들이 사회적 변화나 보편적 인권에 대해서 끊임없이 성찰해야 하는데, 많이 부족하지 않았나 싶습니다. 밀사 씨가

지적하고자 하는 부분도 그렇고요.

> **밀사**: 성매매특별법이 과연 성노동자를 보호하는 법인가에 대해 생각하지 않을 수 없었던 거죠. 그 법을 추진하고 지지한 여성들의 기반과 위치는 어떤 것일까? 보호해야 할 사람이 일부 중산층 여성밖에 없다고 생각하는 것일까요? 다양한 여성들의 처지를 생각하지 않는 것이 근본적인 오류예요. 여성이 '하나'일 수 없잖아요. 성노동운동에서 자주 쓰이는 구호 중에 "Save us from saviours"가 있어요. '구원자'로부터 우리를 구해달라는 거죠.

지승호: 이전에 나온 이야기입니다만, 중산층이야말로 사회 모순에 접근하고 고민할 가능성이 큰 계층일 텐데요. 여성주의도 갈수록 중산층 여성이 중심이 되는 것 같습니다. 이와 관련한 비판이 제기되는 것도 사실이고요. 그런데 지금의 성노동운동에도 마찬가지로 그런 비판이 가능하지 않을까요?

> **밀사**: 앞서도 말씀드렸듯이 '중산층 여성 중심'으로 운동이 지속되는 것 자체가 문제가 아니라, 운동에 참여하는 주체들이 본인들 계층의 문제에만 매몰되어 타 계층의 문제를 등한시하는 것이 문제이겠지요. 하나의 운동에 다양한 계층의 참여가 바람직하다고 여겨지는 이유는 그만큼 다양한 계급의 문제를 파악하고 운동의 동력을 산출해내야 하기 때문인 것이잖아요. 이를 전제하고 말씀드리자면, 아직 성노동운동에 참여하는 인원이 적은 만큼 특정 주체와 계급에 매몰될 위험성은 늘 인지하고 경계해야 한다고 봅니다. 아직까지는 그럭저럭 잘 해오고 있는 것 같은데, 긴장을 늦추지 말아야겠죠.

지승호: 지금은 그 수가 많지 않으니까 연대의식이 강하지만 조직이 커지고 대중적인 인지도가 높아지면 이해관계나 운동의 노선을 두고 갈등이 생길 가능성도 있고요.

밀사: '그들만의 리그'가 되지 않으려면 내외적으로 소통이 필요하다는 데는 이의가 없습니다. 인간은 불완전한 존재잖아요. 운동도 사람이 하는 일인데 완벽할 리 없죠. 서로 잘 조율하고 맞춰가고 배려해야죠. 초심을 잃지 않아야 한다고 생각합니다. 우리에 대한 비판, 우리가 스스로 볼 수 없는 부분들에 대한 비판을 받아들일 수 있을 정도의 윤리적인 감각만 있더라도 충분하지 않을까 생각합니다.

지승호: 온라인상에서는 주로 어떤 이야기들이 오가나요?

밀사: 그냥 안부 묻고, 서로 지지한다, 고맙다고 얘기하고 그래요. 그러다가 직접 활동에 뛰어드는 분들도 계시고, 곁에서 지켜보시는 분들도 있어요. 응답해주시는 분들께는 그저 감사한 마음이죠. 위로가 되다가도 이것만으로는 안 될 텐데 하는 생각이 들지만 여기에서 구체적으로 어떤 실천을 이끌어내야 할지에 대해서는 고민 중입니다.

성노동자 인권모임이 할 일

지승호 : "성매매 문제는 그 사회의 인권의식을 가장 적나라하게 보여주는 지표라 할 수 있다"는 말씀도 하셨잖아요. 어떤 의미인가요?

밀사: 세상을 돌아가게 하는 근원적인 축이 있다고 생각해요. 그 축을 중심으로 권력이 작동하고 생존을 위한 치열한 각축이 벌어지지요. 여기서 배제되거나 소외된 사람들은 싸울 수밖에 없어요. 노동 문제나 빈곤 문제, 성소수자 문제가 그렇습니다. 우리가 인권을 강조하는 것도 이런 분들과 공존하자는 거잖아요. 저는 특히 성노동, 즉 성매매 문제가 그렇다고 생각합니다. 성노동자들, 가장 저변 취급을 받고 있잖아요. 남성권력과 자본권력으로부터 이중의 착취를 받고 있어요. 저는 세상을 제대로 좀 더 올곧게 바라보고 싶었고, 그래서 성노동운동을 택했습니다. 성매매 판이야말로 사회적 모순이 중첩적으로 작용하는 가장 첨예한 지점이자 각축장인데, 운동가들조차 기피하고 있잖아요.

지승호: 사회 모순에 정면 대응하고 싶다는 말씀이시군요. 성노동자 운동은 일종의 방법론이고요. 그렇다면 운동을 하면서 가장 보람이 있었던 때는 언제인가요?

밀사: 인식이 조금씩 바뀌는 것이 느껴질 때예요. 성노동을 대하는 사람들의 태도가 달라졌을 때 보람이 크죠. 무엇보다도 저나 활동가들의 생각이 점점 더 정교해지는 것도 그렇고요.

지승호: 개인적으로 가장 힘들었던 때는 언제인가요?

밀사: 운동 초기였습니다. 그땐 저 혼자였거든요. 물론 제가 성노동

에 대해 고민하기 시작한 시점보다 훨씬 전부터 GG가 활동을 하고 있었습니다만, 몰랐으니까요. 일단 뛰어들긴 했는데 어떻게 해야 할지 감을 잡을 수 없었습니다. 많이 흔들렸습니다. GG를 만나기 전까지 방황이었어요.

지승호: 개인적인 차원을 떠나 GG라는 단체, 성노동운동이 갖는 어려운 지점은 어떤 것이 있을까요?

밀사: 아무래도 사람들의 시선이죠. 더럽고 비천한 것, 세상에 존재해서는 안 될 것, 이것이 성노동을 향한 사회적 통념이잖아요. 수천 년 동안 쌓여온 편견이 고작 몇 년 운동으로 바뀔까? 하는 의구심을 다들 가집니다. 계란으로 바위 치기 같은 거죠. 운동이 성공하려면 공감을 얻어야 하는데, 성노동에 대한 사람들의 반감이 너무 커요. 공격적으로 대합니다. 그래서 저희가 대자보를 쓸 때도 계속 강조한 것이 '우리도 같은 문제를 안고 사는 사람들이다'라는 점이었습니다.

지승호: 그런 인식이나 통념들이 언제쯤 바뀔 수 있을 거로 보십니까?

밀사: 가랑비에 옷 젖듯 바뀌겠죠.

지승호: GG는 앞으로 어떤 활동을 해나갈 계획인가요?

밀사: 성노동자들을 위한 온라인 상담 창구를 만들 생각입니다. 이미 자문위원도 구성했고요.

지승호: 자문위원으로는 어떤 분들이 계신가요?

밀사: 의료와 법률, 성노동 관련 전문가 그룹이에요. 한편 성관념을 바꾸려는 노력도 계속할 예정입니다. 작년(2013년)부터 '안전한 섹스, 즐거운 섹스'라는 강좌를 시작했어요. 올해는 폭을 넓혀서 게이 섹스, 레즈비언 섹스, SM 섹스[15], BDSM 플레이[16], 이런 것에 대해서도 강의하려고 해요.

15) sadomasochism sex. 가학피학성 성애.

16) BDSM play. 결박(bondage), 징벌(discipline), 가학(sadism), 피학(masochism)을 통해 쾌락을 추구하는 성행위.

지승호: 손석춘 선생님이 인터뷰를 통해 사람들이 진보 진영에 표를 주지 않는 이유에 대해 말씀하신 적이 있습니다.[17] 그분 말씀이, 과거 진보 진영을 찍어서 당선시켜봤지만 나아지는 게 없더라는 거예요. 소위 '정치적 효능감'이 없더라는 겁니다. 피부로 느낄 수 있는 무언가가 있어야 한다는 거지요. 내가 지지한 정치세력으로부터 수혜를 받고 있구나 하고 느낄 때 사람들 생각도 변할 수 있다는 건데요. 그런 의미에서 본다면 밀사 씨가 밝힌 계획은 운동적 차원에서 의미가 있을 것 같습니다. 'GG가 하는 성노동운동이 내게 실질적인 도움을 주는구나.' 하는 인식을 심어줄 수 있으니까요.

17) 『이대로 가면 또 진다』 – 손석춘과 지승호의 대자보 시리즈 창간호(철수와영희, 2014년 4월).

밀사: 성노동자 인권모임으로서 당연히 해야 할 일인 거죠. 좀 더 역량이 생기면 책자를 발간하거나 활용 가이드 등을 만들어 방문지원을 할 수도 있을 겁니다.

지승호: 의욕적으로 운동을 전개하겠다는 말씀인 듯한데요, 뒤집어서 말하면 지금까지는 여건상 어려웠다는 이야기겠죠?

밀사: 돈이 없었어요. (웃음)

지승호: 지금도 후원자들이 많지는 않은 것 같은데요.

밀사: 현재 70여 명에 이릅니다. 덕분에 상근도 할 수 있었고요. 처음 시작했을 때에 비하면 엄청난 성장이죠. 〈한겨레21〉 인터뷰[18]를 계기로 세상에 GG가 알려지고 나서 '안전한 섹스, 즐거운 섹스' 강좌를 열고 CMS 자동이체 후원 계좌를 개설했어요. 그런 식으로 기반을 닦는 데만 몇 년이 걸린 거예요. 앞으로 사무실도 낼 겁니다. 성노동자들이 언제든 편히 쉴 수 있고 상담도 받을 수 있는 공간을 마련하는 거지요. 그러려면 좀 더 많은 분들의 참여와 후원이 필요합니다.

18) '나는 성매매를 선택했다' 〈한겨레21〉 제917호(2012년 7월 2일).

여성주의와 성노동

지승호: 여성주의자이면서 기존 여성주의 운동에 다양한 비판을 제기하고 계신 것 같은데요. 그 이야기를 본격적으로 나누었으면 합니다. 밀사 씨는 "남성에 대한 혐오와 경멸을 너무 쉽게 드러내고 거기에 대해 아무런 자기검열을 하지 않는 여성주의자들이 싫다"라는 글을 쓰신 바 있잖아요. 어떻게 보면 가장 가깝게 연대해야 할 대상들인데요. 너무 비판하시는 거 아니에요? 그쪽에서 꽤 싫어할 것 같은데요. (웃음)

> **밀사**: 저도 별로 좋아하지는 않아요. (웃음) 특히 '성노동'이라는 말 자체에 강한 혐오감을 드러내는 분 중에는 여성주의의 진정한 취지를 성찰하지 못한 채 그저 남성의 기득권을 못 가져와서 안달인 사람도 있고, 여성주의를 무슨 액세서리처럼 취급하는 사람도 있어요. '여권'을 떨어뜨리는 사람은 바로 그런 분들이죠, 성노동자가 아니고. 물론 같은 여성으로서 연대의 필요성을 잘 알고 있습니다. 하지만 할 말은 해야죠. 서로 감싸 안기만 해서는 발전이 없다고 생각해요. 마찬가지로 그쪽도 성노동운동을 비판하잖아요. 함께하고 성장해나가기 위해선 서로 긴장관계를 유지해야 한다고 봅니다. 서로에 대한 비판적 지지가 필요하다고나 할까요. 물론 공유하는 토양도 많으니 그 와중에도 연대 방안을 고민해야겠고요.

지승호: 여성운동하시는 분들은 성매매, 즉 성노동이 여성의 인권을 떨어뜨린다고 생각합니다. 이 부분에 대해서는 어떻게 생각하십니까?

> **밀사**: 이해합니다. 성노동을 하지 않는 여성이라면 당연히 성매매를 그냥 두고 볼 수도 없겠죠. 왜 여성주의자들 상당수가 성노동에 대해

서 반감을 가지는가, 충분히 이해합니다. 그래서 성노동 운동가에게 여성은 연대의 대상이자 투쟁의 대상이에요. 우리에게 필요한 것은 성노동에 대한 반감이 아니라 대안입니다. 성노동자라는 이유로 같은 여성들 사이에서도 배제되어야 한다면, 우리로선 당연히 싸워야죠. 대안이 있다면 연대할 수 있습니다.

지승호: "대만의 여성주의자인 '조세핀 호'에 따르면 '성매매 근절은 중산층 여성의 이해일 뿐이며, 프롤레타리아 계급여성이 중산층 여성의 정치적 이상을 위해 생존권을 포기할 수 없다'고 주장한다. 또한 '여성이 성매매를 한다는 사실보다 성판매 여성에 대한 낙인이 더 여성 억압적'이라는 것이다"라고도 하셨는데요. 지금 말씀하신 것도 비슷한 맥락이잖아요. '성노동자에 대한 낙인'이 더 여성 억압적일 수 있다는 건데요.

밀사: 사정을 잘 알지도 못하는데 이해하려고도 하지 않으니까 억압할 수밖에 없죠. 상당수의 성노동자 당사자들도 성노동이 자랑이냐며 탐탁지않게 여기는 판에, 여성주의의 근본을 부정하는 것처럼 보이는 성노동론에 쉽사리 동의하긴 어렵겠죠.

지승호: 현장에서 성노동을 하시는 분들도 자기 일을 긍정하긴 어려울 거예요. 지금은 어쩔 수 없이 이 일을 하지만 언젠가는 벗어나야 한다고 생각하는 사람들이 다수겠죠. 집단적으로 성노동자의 권리를 주장하기보다 개인적인 계층상승, 혹은 탈출을 선호할 것 같습니다. 그래서 더욱 공론화가 어렵겠지요.

밀사: 미묘하고 복잡한 문제인데요. 그런 의미에서 성매매특별법이 성노동자들에게 전혀 도움이 되지 않은 건 아니에요. 원하는 당사자들에게 다른 일을 찾아볼 계기를 마련해주었으니까요. 하지만 구조적인 문제를 개별적으로 해결하는 데는 한계가 있잖아요.

지승호: 성매매특별법 자체는 어떻게 해야 한다고 보십니까?

밀사: 과도기적으로 유용하고 성공적인 측면도 있지만, 궁극적으로는 폐기해야 한다고 생각해요.

지승호: 한번 만들어진 법을 없앤다는 게 굉장히 어렵잖아요. 게다가 도덕적인 잣대로 만들어진 법은 더욱 그렇고요. 대응 논리도 빈약합니다. "그럼 돈으로 몸을 사고파는 걸 허용하라는 말이냐?" 이러면 할 말이 별로 없어요. 그걸 극복하기 위한 운동전략은 어떤 것이 있을까요?

밀사: 성노동의 힘과 가치를 제대로 알려야 합니다.

지승호: 구체적으로 말씀해주실 수 있을까요?

밀사: 인간에게 성은 욕망이자 권력관계입니다. 저는 성노동을 하면서 강해진다는 느낌을 받았습니다. 여성이, 성노동자가 섹스를 주도해간단 말이에요. 일반적으로도 그럴 수 있지만 보통은 섹스를 주도하는 건 남자, 여자는 수동적으로 받아들이는 존재로 인식되어 있습니다. 성노동은 여성주도성이 극명하게 드러나는 과정이에요. 저는 이 부분에서 '여성의 힘'을 발굴해내야 한다고 생각합니다. 여성주의에서 주장하는 것처럼 "여성도 아름다워, 여성도 남성처럼 가치있어." 이런 방식에서 한 걸음 더 나아가서 실체로 존재하는 여성의 힘을 찾자는 거지요.

성노동이라는 것이 남성 중심적인 사회 안에서 살아남으려고 어쩔 수 없이 해온 일이기도 하지만, 한편으로는 그 오랜 과정에서 어떤 '힘'이 생긴 거거든요. 저는 여기에 주목해야 한다고 생각해요. 성노동을 그저 남성에 대한 서비스, 남성 중심적인 사회에 대한 강제적 복무로 볼 것이 아니라, 그 안에서 여성의 숨겨진 힘을 발견하는, 새로운 가치를 발견하는 방향으로 가야 한다는 겁니다. 이를테 면 대만의 성노동자모임 코스와스의 리준 대표께서 이런 말씀을 했 습니다. 한번은 성능력이 떨어지는 손님이 찾아온 적이 있다. 자기가 그를 잘 케어해서 결국 그는 결혼에 이르게 되었는데 그것이 무척 자랑스러웠다. 섹스에서 가지는 여성의 힘. 저는 성노동에서 분명히 찾을 수 있다고 생각해요. 그리고 그런 부분을 많이 조명해야 한다 고 보고요.

지승호: 실제로 외국에는 섹스 치료사 같은 직업이 있지요. 섹스를 통해서 정신적인 치유도 가능하다고 합니다. 여기에 종사하시는 분 들은 일반인들처럼 결혼도 하고 직업인으로서 전문성을 인정받는다 고 해요.

밀사: 성이라는 게 인간 존재에 매우 강력한 힘을 발휘하는 거거든 요. 비단 기술적인 측면이 아니더라도 성노동에는 우리가 아직 알지 못하는 긍정적인 측면이 있다고 생각합니다.

지승호: 트위터나 페이스북 등에 이러한 성노동 경험을 올리시는 분 들이 있었고, 거기에 대한 반발도 꽤 있었던 것 같은데요. 어쨌든 언 급 자체를 금기시하던 때와 비교하면 그 자체로 변화라고 할 수 있을 것 같습니다. 성윤리적 반감이 이전보다 줄어들었다고도 볼 수 있고 요. 하지만 여전히 강한 게 아까 말씀드린 '여성의 몸을 돈으로 사고 파는'것에 대한 비판인데요. 성노동을 인정하게 되면 성의 상품화, 물신화가 가속화되고 반여성주의적 사고가 확산될 것이라는 우려가 있습니다. 성매매를 합법화한 외국의 경우 실제로 그런 여론에 역풍 을 맞은 적도 있고요.

밀사: 원인과 결과를 혼동하는 거죠. 성노동을 인정해서 왜곡된 성 인식이 강화되는 게 아니잖아요. 우리나라처럼 성의 상품화가 횡행

한 곳이 또 어디 있나요? 이게 다 성노동 때문이라는 건 말이 안 됩니다. 성노동은 그 결과일 뿐이에요. 현대 자본주의 사회에서 성산업이 작용하는 방식이 두려워 성노동을 매도하고 비난하는 일반 여성들의 마음은 충분히 이해합니다. 하지만 적어도 운동하는 사람들은 그렇게 말하면 안 돼요. 화장하는 것, 하이힐을 신는 것, 치마를 입는 것, 이런 기호들이 여성 본인은 그렇게 생각하지 않더라도 성적 기호로 인식되는 세상인데, 이것도 당사자들 탓이라는 건가요? 그러면 자신의 성적 매력을 뽐내서는 안 된다는 말인가요, 여권 향상을 위해서? 여기에는 보다 다각적이고 진지한 접근이 필요합니다. '성적 매력 어필=성 상품화'라고 도식화할 수 있을 만큼 간단한 문제가 아니에요. 자신의 성적 어필이 타인에 의해 물화되고 원치 않게 소비되며, 그로써 자신이라는 개체의 존중성이 훼손된다는 것이 성 상품화 문제의 핵심입니다. 그렇다면 차라리 여기서 전복을 꾀할 수도 있겠죠. 성적 매력 어필이 객체화가 아닌 주체화의 수단이 될 수 있도록요.

지승호: 예컨대 자신의 여성성을 남성을 지배하는 전략으로 활용한 가수 마돈나 같은 경우를 주목해야 한다는 건가요?

> **밀사**: 여성주의 담론이 보다 유연하고 다양해져야 한다는 겁니다. 그런 경직된 시각으로는 지금 우리가 사는 사회를 이해할 수도 이끌 수도 없어요.

지승호: 마돈나도 초기에는 많은 비판을 받았지요. 성의 상품화를 부추긴다는 우려가 여기저기서 터져 나왔습니다. 지금은 일부 여성주의자들 사이에서도 성공한 모델로 평가받고 있지만요.

> **밀사**: 그런 여성들은 언제나 존재해왔어요. 경멸의 대상이자 동경의 대상이었죠. 예컨대 텐 프로[19]에 대해서 남녀 할 것 없이 양면적인

감정을 갖잖아요. 텐프로라는 지위는 남자는 절대로 가질 수 없는 겁니다. 아무리 탐해도 불가능하지요. 여성으로서 성숙의 정점에 있는 사람만이 올라설 수 있는 지위인 거죠.

19) 강남 최고급 술집에 종사하는 여성을 뜻하는 속어. T/C(Table Charge)의 10퍼센트만을 가게에 지불하고 나머지 90퍼센트를 성노동자가 갖는다. 세간에는 '상위 10퍼센트'라는 의미로 왜곡되어 전해진다.

지승호: 수입 면에서도 따라가기 힘든 부분이 있겠네요. (웃음)

밀사: 웬만한 대기업 직원 월급은 뛰어넘을걸요. (웃음) 그런데 중요한 것은 물질적인 부분이 아니라 그녀의 여성성이 구축한 권력이거든요. 여성에게도 위계가 있단 말이에요. 그 정점에 있는 여성이 남성을 어떻게 대하고, 이용하느냐, 이걸 봐야 해요. 자신의 욕망을 강력하게 자극하고 또 충족시키는 존재에 대해 남성은 복종하게 됩니다. 질투하고, 두려워하고, 부러워하고, 경멸하고, 그런 복잡함 속에서 말이지요. 어떤 남자들은 일종의 거세 불안을 느끼기도 하는 것 같고요. 여성주의가 놓치고 있는 부분이에요.

지승호: 말씀하신 것처럼 남자들은 돈과 권력이 있어도 욕망 앞에서는 늘 나약한 존재인 것 같습니다. 밀사 씨께서는 이러한 남성의 '약한 고리'를 활용하자는 입장이신 건가요. 이전의 방식이 "그동안 우리가 너무 당해왔어!" 하면서 남성들을 혐오하는 방식이었다면 앞으론 자기가 가진 장점 혹은 무기를 이용하자는 거네요.

밀사: 그래 봐야 남성들이 구축한 기득권을 조금 나눠 갖자는 거거든요. 워낙 맺힌 게 많았으니 일단은 싸우고 싶은 거죠.

지승호: 피해자로서의 심정은 충분히 이해가 가지만, 전략적으로 좋은 방법은 아닌 것 같습니다. 남성들의 저항이 만만치 않았으니까요.

사회가 보수화되면서 '남성연대' 같은 조직도 꾸려지고 이들이 보통 남성들의 반감을 자극해서 영향력을 넓혀나가는 것 같습니다.

> **밀사** : 그렇다고 여성주의가 남성의 고통까지 끌어안아야 한다고는 생각하지는 않아요. 하지만 전략적으로는 남성의 고통도 이해해야 하죠. 무너져가는 가부장제를 지키고 기득권을 유지하는 게 얼마나 힘든 일이겠어요. (웃음)

지승호 : 가진 사람이 더 힘든 법이죠. 빼앗길까 늘 두렵고요. (웃음)

> **밀사** : 여성이기에 잃은 것과 여성으로서 향유하는 것은 하나의 줄기 안에 있습니다. 남성도 마찬가지죠. 기득권이라는 게 양면적이잖아요. 남자라서 쉽게 진출할 수 있는 사회적 영역이라는 게 있지만 그만큼 또 시달리는 거고요. 그런 남성의 생리랄까 사회적 상황을 잘 읽어야 합니다. 여성과 남성은 여러 측면에서 차이가 있어요. 여성은 관계 속에서 자기를 감지하고 존재를 인식하는 능력이 더 강합니다. 남성은 자기 자신을 잘 몰라요. 목적을 추구하는 데는 강하지만 자기를 성찰하고 관계를 돌보는 일에는 약해요. 역사는 항상 '남성' (man)을 '인간'(human)이라고 말해왔지만 과연 그런가요? 그건 남성의 신앙이었지, 현실은 아니었다고 생각해요. 여성이 도와줘야 합니다. (웃음)

성노동과 자본주의

지승호: 성노동의 합법화에 대해 "뭐든지 사고팔 수 있다는 생각은 신자유주의적인 것 아니냐? 그러면 장기매매도 합법화해야 하는 것이냐?" 하는 극단적인 반응도 있습니다.

> **밀사**: 비약이죠. 장기매매와 성노동은 다릅니다. 장기매매의 경우는 어떤 방법으로도 당사자가 주체일 수 없고, 피해 입지 않을 수 없어요. 하지만 성노동의 경우는 애초에 성노동자가 주체로 자리할 수밖에 없는 구조고, 사회적 통념이 나아지고 실질적인 인프라가 구축된다면 피해를 입을 일이 없습니다. 물론 계속 말씀드린 대로 현대의 성노동은 여전히 성노동자에게 피해를 입히기에, 아마도 현재까지 저러한 주장은 일견 유효할지도 모릅니다. 그러나 이러한 맥락을 무시한 채 장기매매와 성노동이 같다는 식으로 주장하는 것은 비약이죠. 사회주의 사회건 자본주의 사회건 성은 늘 팔려왔어요. 그 이전 사회도 마찬가지예요. "어떻게 성을 사고파느냐?"고 훈계하시는 분들은 역사 공부를 좀 하셔야 해요. 알면서도 그렇게 말씀하시는 분들은 단지 진실이 두려운 것뿐이라고 저는 생각해요. 자본주의 혹은 신자유주의에 대한 반발심은 충분히 이해합니다만, 그것을 왜곡된 방식으로 표출하는 것은 현실을 부정하는 거예요. 운동과 실천의 측면에 있어서 현실 부정보다 더한 독이 있을까 싶네요.

지승호: 하지만 '판매자'의 동기는 비슷하지 않을까요? 어쩔 수 없어서, 해서는 안 될 일을 한다는 측면에서 말이지요. 두 경우 다 가난한 사람들의 극단적인 선택일 수 있으니까요.

> **밀사**: 돈이 없어서, 먹고살 길이 막막해서 성을 파는 일은 당연히 없어야 합니다. 경제적 상황 때문에 자신의 가치에 반하는 일을 하지

않을 권리가 인간에게 있다는 거예요. 사회적 폭력과 인권에 관한 얘기입니다. 하지만 간단치가 않아요. 반복적으로 말씀드리지만, 현실적으로 엄연히 존재하는 성노동자를 어떻게 지원할 것인가 하는 측면이 있고, 성노동 자체가 가지는 가치라는 측면으로도 살펴봐야 하고요.

지승호: 유독 성노동에 대해서만 엄혹한 윤리적 잣대를 들이대는 게 어쩌면 성의 상품화가 일상화한 데 대한 반작용이라는 생각도 듭니다.

밀사: 저는 경제적 불평등이 해소되고 남자와 여자가 완전히 평등한 세상이 된다 해도 성매매는 존재할 거라고 봐요. 예컨대 애인 만들기가 너무 귀찮아서 성매매를 할 수도 있는 거죠. 성매매라는 게 어느 한 가지 요소만으로 이루어지지는 않는다는 겁니다.

지승호: 성을 매개로 이루어지는 것이 반드시 성적 쾌락만은 아닐 수도 있지요. 예컨대 문학작품에 성매매가 어떤 문학적 모티브로 등장하기도 하고요. 창녀와 사랑에 빠지는 내용도 많지요.

밀사: 예술작품은 성노동자가 가진 지위를 잘 보여줘요. 아주 범속하고 비참한 존재로 묘사되기도 하지만 어떤 환상적인 존재로 나타나기도 하죠. 남성들의 판타지가 그런 거예요. 소설에서도 창녀, 혹은 창녀적인 면모를 가진 여성들이 남성을 치유하고, 보듬고 하잖아요. 성모와 창녀, 여성 안에 이 두 가지를 모두 찾고 있는 겁니다.

지승호: 소설, 영화, 미술 등 다양한 예술 장르에서 성매매와 관련한 에피소드들이 등장하는 것 같습니다.

밀사: 남성들은 창녀를 쾌락을 위한 도구로만 보지 않아요. 나를 알

아주고 이해해주는 엄마 같은 존재로 여기기도 하죠. 쾌락과 위안을 동시에 주는 존재란 말이에요. 그런데 재미있는 것은 성적 매력이 어느 선을 넘어가면 남성의 소유욕은 '동경'으로 바뀝니다. 다른 사람의 욕망을 불러일으키는 대상은 두려움과 동경의 대상일 수밖에 없어요. 팜파탈(femme fatale)처럼요. 경멸과 동경은 백지장 한 장 차이예요.

지승호: 성노동을 반대하는 논리 중 또 하나가, 쉽게 돈을 벌려고 하는 거 아니냐 하는 것, 또 하나는 성 관련 산업이 비대해지면 전체적으로 경제에 좋지 않은 영향을 미칠 거라는 건데요. 어떻게 생각하세요?

밀사: 세상에 쉬운 일도 있고 어려운 일도 있어요. 성노동이 '노가다'보다 쉬울 수도 있고 사무실에 앉아 타이핑하는 것보다 어려울 수도 있습니다. 하지만 이건 중요하지 않아요. 비교하기도 어려울뿐더러 의미도 없습니다. 문제는 그렇게 말하는 동기예요. 비난은 해야겠고 이유를 찾다 보니 '쉽다'는 생각을 한 거죠. 사실 그렇지도 않은데 말이에요. 남자들이 보기에 여자들의 섹스는 쉬워 보입니다. 그저 '몸만 대고 있으면' 된다고 생각하죠. 하지만 성노동은 육체노동과 감정노동 두 가지 측면이 있습니다. 몸이 쉬울 수는 있어요(결코 그렇지 않지만) 하지만 정신적으로는 힘듭니다. 때문에 질문 자체를 질문해야 한다고 생각해요. 왜 그런 질문을 하느냐? 왜 성노동이 다른 노동에 비해 쉽다고 생각하느냐? 하고 말이에요. 게다가 '쉬운 노동'이 나쁜 건가요? 누구나 쉽게 돈 벌고 싶어하잖아요. 왜 하필 성노동만 그런 비난을 받아야 하는지 이해할 수 없습니다.

지승호: 성매매가 여성에 대한 폭력이라는 관점도 있는 것 같습니다. 그런 의미에서 성적인 폭력이 무엇을 의미하는지 살펴보았으면 하는데요. 저는 개인적으로 '성폭력'을 이야기할 때 '성'보다는

'폭력'에 방점을 찍어야 한다고 봅니다. '성'에만 주목하다 보면 이 문제가 가지는 '폭력성'을 간과하게 되기 쉽기 때문이지요.

> **밀사**: 성폭력은 과장되는 측면이 있습니다. 같은 폭력도 앞에 '성'이 붙으면 심각해져요. 왜 그럴까요? '성'은 특별하다고 생각하기 때문이겠죠. 어떤 에피소드가 생각나네요. 예전에 여성학을 가르치시던 분께서 "성폭력? 그거, 길 지나가다 똥 밟은 거라고 생각하면 안 되니." 하고 말했는데 그걸 들은 한 학생이 충격을 받았는지 자리를 박차고 나가더라고요. 그런데 저는 그분 말에 일리가 있다고 생각해요. 성폭력을 그런 '사고'(事故) 혹은 일상적인 폭력으로 이해할 수도 있잖아요. 여타의 폭력에 비해 성폭력이 더욱 '특별'해지는 바로 그 지점을 날카롭게 분석해야 합니다. 무엇이 성폭력 피해자들을 '특별히' 더욱 고통스럽게 하는지, 그러한 상황을 가능케 하는 요소에는 어떤 것이 있는지를 명확하게 파악해야 합니다.

지승호: 맥락을 살펴야 하지 않을까요? 성폭력을 당한 사람을 위로할 때 쓰였을 때와 가해자를 옹호할 때 각각 의미가 다르잖아요. 별일 아닌데 그렇게 예민해할 필요 없잖아, 이런 식으로 읽힐 수도 있으니까요.

> **밀사**: 성폭력을 일반적인 폭력에 비해 훨씬 심각하게 받아들이는 데에는 전제가 있습니다. 뭔가 '훼손'됐다고 보는 거예요. 성폭력을 통해 여성들이 상처받는다고 하는데 그 '상처'라는 게 구체적으로 무엇일까요? 혹시 소중하게 지켜야 할 무언가 더럽혀졌다고 생각하는 건 아닐까요? 만약 성노동이라는 것이 도덕적으로 전혀 하자가 없고, 오히려 가치가 있다, 이렇게 생각하는 사회라면 성노동자들이 지금처럼 고통받지는 않을 거예요. 성폭력도 마찬가지입니다. 정조를 중요시하는 사회일수록 성폭력을 당한 여성의 피해와 고통은 극심해집니다. 섹스가 지켜야 할 무엇이 아니라 충분히 즐겨야 할 무엇이

라면 성폭력은 여타의 폭력과 다름없는 사고에 불과하겠지요. 물론 그렇더라도 폭력은 근본적으로 옳지 않은 것이니 언제나 지양되어야 겠지만요.

지승호: 문제는 '성'이 인격과 결부되기 때문이 아닐까요? 자기 결정권이 훼손되는 거잖아요. 즐겁고 말고의 문제가 아니라 자기가 하고 싶을 때 해야 하는데, 강제로 억지로 폭력이 개입된 상황이니까 상처를 받는 거겠죠. 개방적인 사회에서는 상처도 가벼울 거라는 말은 여자들은 강간을 당해도 즐거워할 거라고 착각하는 일부 남성들의 논리처럼 위험하다고 생각합니다.

밀사: 두 경우 다 남성적 인식의 투사라고 봐야 해요. 여성들이 스스로 만들어낸 인식은 아닙니다. 성폭력이 특히 여자들에게 괴로울 거라는 생각이나 강간도 즐길 거라는 생각 모두 옳지 않아요. 그것은 여성의 언어가 아닙니다. 제가 하고 싶은 말은 간단해요. 성평등이 이루어진 사회에서의 성폭력은 '특별 취급' 받지 않을 것, 즉 여타의 폭력과 구분되지 않을 것이라는 겁니다. 이 한 문장이 많은 사람들에게 충분히 성찰될 수 있기를 바랍니다.

지승호: 성매매가 폭력성을 수반하는 이유도 남성들의 착각 때문인지도 모르겠습니다. 돈을 주었으니 어떻게 해도 된다고 보는 거죠. 실제로 현장에서는 폭력이 비일비재하게 일어난다고 알고 있고요. 법의 보호를 받지 못하다 보니 피해자가 신고는커녕 오히려 협박에 시달려야 하는 게 현실입니다. 최소한 종사자의 성노동은 비범죄화나 합법화가 필요하다고 주장하는 근거이기도 한데요.

밀사: 구매자들은 정말로 성노동자의 모든 것을 샀다고 생각해요. 마치 자본가가 노동자라는 인격 전부를 소유하고 있다고 생각하는 것처럼 말이지요. 아주 위험한 사고입니다. 성노동자 본인이 나는

'성적 서비스'를 파는 사람이라고 생각해도 상대가 인신매매하듯이 취급하면 당할 수밖에 없습니다. 이러한 인식부터 고쳐나가야지요.

지승호: 신고하면 오히려 구매자보다 큰 처벌을 받는 경우도 생기고요. 그래서 성노동자 보호를 위한 대안을 요구하는 목소리가 큰데요. 예컨대 국가가 직접 운영하거나(공창제) 민간이 운영하되 양성화해서 성노동자를 보호할 수도 있겠죠. 우리 실정에 맞는 방법은 어떤 것이 있을까요?

밀사: 성노동 관련 법제 및 정책에 대해 생각할 때 제가 세우는 가장 기본적인 기준은 성노동을 특별 취급하지 말자는 겁니다. 성노동의 특별 취급은 성노동을 필요악이나 절대악으로 인식하는 것을 전제하기 때문입니다. 그렇기에 성노동자 신상 등록, 국가가 포주 노릇을 하는 공창제, 특별 구역만의 합법화 등을 반대합니다. 성노동자들이 여타 노동자와 전혀 다를 바 없이 의무를 지고 권리를 누리는 방식이 가장 올바르다고 생각합니다. 형법이나 여타의 법률로도 성노동 관련 범죄를 충분히 다룰 수 있으므로 굳이 지금처럼 특별법을 만들어서 성노동자들의 상황을 더욱 곤혹스럽게 하지 않기를 바랍니다. 다만 현재 활발하게 논의되는 '차별금지법'과 같이, 성노동자의 인권을 보호하고 홍보하는 취지의 법을 제정하는 것은 과도기적인 단계에서 많은 도움을 줄 것으로 생각됩니다.

상처가 힘이 된다

지승호: GG는 지금껏 다른 투쟁현장과의 연대도 많이 하셨는데요. 쌍용자동차도 그렇고, 한진중공업도 그렇고. 그분들의 반응은 어떻던가요? 대부분 남성 노동자들이라 당혹스러웠을 수도 있겠는데요. "저는 성노동자입니다"라고 했을 때 '어떡하지.' 하시는 분들도 있었을 것 같고요. (웃음)

> **밀사**: 제가 대자보에 썼듯이 결국에는 비슷한 처지에 있는 사람들이잖아요. 서로 치고받고 할 일은 아니지만, 각자의 존재를 인정하려면 많은 과정이 필요하겠지요. 계속 부딪치고 대화하는 것밖엔 방법이 없잖아요. 아직은, 우리가 더 열심히 해야죠. 아무래도 우리가 보는 폭이 더 넓으니까요. (웃음)

지승호: 소수자일수록 뭉쳐야 하는데 서로 상처를 주고받을 때가 있지요.

> **밀사**: 특히 '여러분, 부디 안녕합시다.' 대자보 쓸 때가 그랬어요. 진보를 자처하는 사람들이 성노동자를 배척하다니. 무척 슬펐습니다. 한편 이해가 가다가도 인간적인 실망감은 어쩔 수 없었죠.

지승호: 개인적으로 앞으로의 계획은 어떻습니까?

> **밀사**: 특별한 건 없어요. 지금 해왔듯이 열심히 성노동운동을 할 거고요. 한 가지, 수년 동안 트위터에서 주고받은 내용을 한번 정리할 생각이에요. 그동안의 생각도 정리하고 부족한 부분들을 메워나가면서 어떻게든 소통하고 싶어요. 출판을 하든 온라인에서 공유를 하든. 기본적으로 저 하나만의 생각으로 머물지 않기를 바랍니다. 함께

나누고 이야기하면서 서로 생각도 바뀌고 배우잖아요. 운동은 그런 거라고 생각합니다.

지승호: 인생의 장기적인 목표는 있나요? 예컨대 미래에 어떤 사람이 되고 싶다든가?

밀사: 소설을 제대로 쓰고 싶어요. 꼭 성노동자 얘기를 쓰자는 건 아니고요. 제대로 된 소설을 몇 편 써보고 싶습니다. 장기적인 목표는 없어요. 그냥 하루하루 잘 사는 게 목표예요. (웃음)

지승호: 마무리로 대자보 독자들께 한 말씀 해주시죠.

밀사: 좀 더 치열했으면 좋겠어요. 그리고 자신이 보는 세상을 두려워하지 않았으면 좋겠어요. 아무리 거대한 위협과 두려움이 있을지라도, 직시하면서 거기서 희망을 찾았으면 합니다. 한 사람의 용기가 수많은 사람들에게 힘을 주잖아요. 이건 저 스스로에게 다짐하는 말이기도 합니다. (웃음)

용기라는 것도 혼자만을 위한 것이 아니라고 생각합니다. 상처받는 것도 마찬가지고요. 자기의 기반과 위치를 제대로 알고 있으면 상처도 결국 성장의 계기가 되잖아요. 내가 사회로부터 받은 고통을 가능성이라는 이름으로 되돌려주는 것. 힘들지만 그것이 올바른 삶의 태도라고 생각해요. 우리 각자는 또 다른 각자와 이어져 있기에, 결국 나는 나만의 것이 아니니까요. 성노동자는 물론, 힘겨운 삶을 살아가고 계시는 다른 많은 분들도 자신의 삶에 보다 용기를 내셨으면 합니다.

2부 – 연희

성노동자, 권리를 외치다

지승호: GG는 언제 가입하셨나요?[20]

20) 이 인터뷰는 2014년 8월 6일 이루어졌다.

연희: 대만에 연대활동을 다녀온 후 2011년 4, 5월 무렵 밀사 씨와 같은 시기에 들어갔어요.

지승호: GG에 관심을 가지게 된 계기가 있었나요?

연희: 그전엔 그런 단체가 있는지도 몰랐어요. 제가 자주 가는 익명 인터넷 사이트에서 밀사라는 블로거가 성노동 실험을 하고 있다는 글이 올라왔어요. 보니까 욕을 엄청나게 먹고 있더라고요. 신상도 털려서 다니는 학교, 남자친구 관계까지 사람들이 인터넷에 올렸어요. 그런 것을 보면서 굉장히 불쾌했어요. 나도 성노동 일을 한다는 걸 알리면 저런 대접을 받겠구나 하는 생각이 들었습니다. 친한 사람도 언제든 돌변하겠다 싶었습니다. 뭐랄까, 남의 일 같지가 않았어요. 마음이 아팠습니다. 그래서 그 사람에게 힘을 주고 싶었어요. 사람들은 너를 욕하지만 나는 너를 응원한다, 그 말을 해주고 싶었습니다.

어렵게 연락했지요. 솔직하게 모든 것을 털어놓았습니다. '나는 현재 성매매 업소에서 수년간 일하고 있는 사람이다. 블로그에 올린 네 글을 읽고 깊은 감명을 받았다. 그리고 사람들 반응에 두려움을 느꼈다. 나도 무서운데 너는 오죽하겠느냐. 나는 너를 응원한다. 네가 뭘 하든 이쪽에서 뭔가를 한다면 지켜보고 싶다. 연락 달라. 밥이나 한 끼 먹자…' 이런 내용이었죠. 밀사가 엄청 뻘쭘해하더라고요. 모르는 사람이 마음 쓰고 밥 먹자고 하니까 아무래도 어색했겠죠. 그렇게만 전하고 연락을 안 했었는데요. 몇 달이 지나 갑자기 연락이 왔어요. 연희 씨 계속 일을 하시냐, 성매매 여성을 지원하는 단체가 있는데, 거기서 이번에 대만의 성노동자 운동 단체를 만나러 간다, 같이 갔으면 좋겠다고 하더라고요. 얼굴도 모르는 사람인데다 무슨 단체라는 말에 되게 꺼림칙했어요.

제가 처음에 집창촌에 있었는데, 그때 여성단체들이 자주 와서 반성매매 운동을 했었거든요. 그때는 그게 운동인지도 몰랐는데, 여자들 몇 명이 와서 과자 몇 개 주고, 머리끈도 주고 했습니다. 우리가 거지도 아닌데, (웃음) 그러면서 이런 나쁜 일 하지 말고 업소에서 나와라, 자기들이 도와주겠다고 해요. 솔직히 불쾌했어요. 자기들이 내 인생을 책임져줄 것도 아니잖아요. 당장 일을 그만두면 어떻게 먹고 살겠어요. 언니들이 "은행에 있는 빚도 갚아줄 거냐?"는 식으로 말하면 솔직히 그쪽에서도 할 말이 없는 거예요. 정부지원금이 어떻고, 탈성매매 쉼터가 어떻고 하는데, 별로 와 닿지가 않아요. 트러블이 많았습니다. 그 사람들이 오는 시간이 장사 개시하는 시간이거든요. 저녁 여섯 시, 일곱 시쯤, 화장하고 머리하면서 일을 준비합니다. 우리에게는 아침 출근시간이나 마찬가지죠. 모두 예민해져 있는 때라서로 말도 조심스럽게 해요. 옷 잘 입고 꾸민 것에 대해 예쁘다는 말도 못 해요. "언니, 오늘 예쁘다." 이런 말도 금기입니다. "너 오늘 진상 손님 볼 거다"는 말로 오해하거든요. 첫 손님을 잘 받아야 계속 좋은 손님을 받을 수 있고, 첫 손님을 망치면 하루가 힘들다는, 일종의 징크스 같은 것도 있거든요.

그 시간에 여성단체가 그러고 있으니 되게 싫은 거예요. 그래서 '단체' 하면 선입견부터 들었는데 그걸 저러러 함께하자는 거예요. 대만에 가자는 말도 곧이 안 들렸습니다. 혹시 인신매매가 아닐까 겁이 났죠. 가자마자 여권 빼앗기고 강제로 일하는…. (웃음)

지승호: 글은 읽었지만, 어쨌든 얼굴은 본 적이 없으니까요. 충분히 의심할 수 있었겠네요.

연희: 해외로 나간 언니들 이야기도 들은 적이 있는데요, 이 당찬 언

니들은 일단 해외로 가서 '찌라시' 같은 걸 보고 취업하거든요. 들은 얘기로는 중간 브로커를 끼면 얘기가 달라진다고 하더라고요. 감금 당하다시피 해서 밖에도 못 나간다고 해요. 그래서 공짜로 대만 보내준다고 해놓고 여권 빼앗고, 저를 팔려고 한다고 생각했죠. 너무 무서워서 밀사를 혼냈어요. 너 진짜 철없는 애 아니냐고. 외국에서 일하는 게 얼마나 위험한 건지 모르냐고 말이에요. 밀사가 소개한 GG 인터넷 사이트도 들어가 봤죠. 그런데 너무 허접스럽고, 무슨 보이스 피싱 업체 같은 느낌이 나는 거예요, 성노동자 단체라는 데가. 믿을 수가 없다고 생각하고는 밀사와도 연락을 끊었죠.

그쪽(GG)에서 한 번만 기회를 달라고, 만나서 이야기하자고 했어요. 자기들은 인신매매단도 아니고 이상한 데가 아니니까. 그래도 의심스러웠던 저는 서울시내 지하철역처럼 사람들이 많은 곳에서 공개적으로 보자고 했습니다. 밀사라는 애가 단단히 걸려들었구나, 어떻게든 얘를 설득해서 빼내야겠다 하는 생각도 했고요. (웃음) 아는 언니랑 같이 가려고 했다가 그 언니도 무섭다면서 내빼는 바람에 결국 저 혼자 만나러 갔습니다. 만나보니까 사람들이 참 좋더라고요. 일단 나를 팔아넘기지는 않겠구나, (웃음) 그 후로 GG 회의도 나가고 그렇게 됐습니다.

지승호: 원래부터 '여성단체'를 탐탁지 않게 생각했는데, 홈페이지도 허접스러워서 의심스럽기까지 했다는 말씀이네요. (웃음)

연희: 홈페이지 자체도 그렇고, 제가 자주 가는 사이트에 올린 "함께 갈 성노동자를 모집합니다"라는 제목의 웹자보도 마찬가지 느낌이었어요. 그래서 사기꾼인가, 싶었던 거죠. (웃음)

지승호: 그랬다가 대만에 협력활동을 다녀와서 생각이 바뀌신 건가요?

연희 : 한 번 만났다고 해서 바로 대만에 가겠다고 할 수는 없었죠. 이후로 몇 번 GG 회의에 참석했어요. 당시 영등포 타임스퀘어 앞에서 성노동자들이 영등포에 있는 집장촌 폐쇄에 반대해 집회·시위를 벌일 때였습니다. 저는 집창촌을 떠난 지도 오래됐고, 철거 예정이라는 소식도 몰랐거든요. 아직도 집창촌이 있다는 게, 또 그걸 강제철거해서 아가씨들이 반대 시위한다는 사실 자체가 신기했어요. 제가 미아리에 있을 때는 다들 소리 없이 떠났었거든요. 장사가 안되니까요. 분위기 따라서 저도 나왔던 거고요. GG 회의에서 그들을 지지하는 피켓 시위를 하자는 얘기가 나왔습니다. 그것도 제가 참석한 첫 번째 회의에서 말이에요. 그때 '괜찮은 단체구나.' 생각했습니다. 제가 예전에 미아리에서 만나본 여성단체와는 달랐습니다. 물론 그분들도 저희를 존중해줘요. 존댓말도 하고 그러지만, 성매매를 보는 시각이 굉장히 안 좋아요. 너희는 정신적으로 피해를 입고 있는데, 타성에 젖어서 모르고 있다고 생각하는 게 불쾌했었거든요. 말은 좋게 하지만, 그 안에 가시가 있다는 느낌이었어요.

지승호 : 마음 써주는 것은 알겠는데, 존재 자체를 부정당하는 듯해서 기분이 나빴다는 말씀이신데요. 이를테면 타인의 동성애를 인정하는 것과, '불쌍하니 봐주자.' 혹은 '어쨌든 바뀌어야 할 사람이다.' 이런 식의 접근은 매우 다르잖아요.

연희 : 그렇죠. 우리가 죄인은 아니잖아요.

지승호 : 타임스퀘어 시위는 여러모로 사회적 파장을 불러왔습니다. 여성단체 분들도 나름대로 충격을 받았을 거고요. 연희 씨도 집회를 지켜보면서 생각이 많으셨을 것 같아요.

연희 : 성노동자들이 모여서 그렇게 자기 목소리를 내는데, 나는 왜 그런 사실조차 몰랐을까? 하는 생각이 들었어요. 미아리가 철거될

때 저는 아무 생각이 없었거든요. 지금 생각해보면, 도망친 거죠. 그때 저렇게 함께 싸웠으면 우리의 공간을 지켜낼 수도 있지 않았나 하고 생각했습니다. 그런 부채감으로 GG에서 운동을 시작했던 것 같아요. 어쨌든 그때 영등포 타임스퀘어 시위 때 GG에서 지원을 갔습니다. 그런데 그곳 반응이 싸늘했어요. 저는 이해할 수 있었습니다. 이분들도 처음엔 나처럼 싫고 두렵고 했을 거예요. 시간이 필요하다고 생각했어요. 함께하다 보면 한두 명이라도 바뀔 수 있지 않을까, 나처럼. 그런 마음으로 GG 활동을 본격적으로 하게 되었습니다.

우리는 창녀가 아니다

지승호: 그로부터 수년이 지난 지금 GG에 대한 현장 성노동자들의 인식은 어떤가요? 기대만큼 변화가 있는지요.

연희: 대중매체를 통해 저희 활동이 알려지면서 인지도가 높아진 거 같아요. 그래도 아직 거부감이 많아요. 제가 가게에서 이런 활동을 한다고 하면 엄청 싫어해요. 그런 잘난 여자들이랑 일하면서 이런 데는 왜 나오느냐고 말이에요. (웃음)

지승호: 현장 성노동자들의 눈에 GG 역시 기존 여성단체와 다르지 않다는 거지요?

연희: 네. 집창촌 출신은 대부분 그렇게 생각해요. 외려 다른 업종은 선입견이 적습니다. 그래서 얘기가 좀 통하는 것 같아요. '화류계 언니'들이 모이는 인터넷 카페 같은 데 보면 성노동이니 GG니 하는 얘기가 조금씩 나오기 시작하는 거 같더라고요.

지승호: 그동안 성노동자들을 대하는 태도에 문제가 있었던 것 같습니다. 그분들의 직업적 자존심이랄까 이런 걸 고려하지 않았고, 또 실질적인 도움을 주지도 못했으니까요.

연희: 저희 가게 언니들이 쉼터에 등록하고 지원금을 받는데, 당시한 달에 30만 원이 채 안 돼요. 2008∼2009년 무렵 이야기입니다. 지원센터에서는 공부도 시켜주겠다. 다른 일을 알아봐라 하는데 딱히 할 수 있는 게 없는 거예요. 빚을 갚아주는 것도 아니고요. 은행빚 같은 건 절대 못 갚아준다는 입장이고요. 업주들에게 진 빚은 법적으로 무효이니 소송을 제기하라는 식인 거죠. 업주한테 받은 선불금

을 '마이킹'이라고 하거든요. 이게 큰돈인데 법적으로 무효라고 판결이 났다는 거예요. 하지만 아가씨들 입장에선 쉽게 소송을 못 걸죠. 업주나 일수쟁이들이 다 조폭 끼고 장사를 하는데. 후환이 두려운 겁니다. 직접적으로 손에 쥐어주는 돈은 적고, 법적으로 해결하자니 불안하고, 이제 와서 딴 일 찾기도 그렇고, 이런 상황인 겁니다.

지승호: 연희 씨 개인 입장에서 보면 GG와 함께 성노동자 권리운동을 하기로 한 게 모험이랄 수 있겠네요. 밀사 씨가 성노동 실험을 공개했을 때 쏟아지는 온갖 비난을 보면서 안쓰러운 마음이 들었다고 하셨는데, 그러면 반대로 '나는 노출되지 말아야겠다. 꼭꼭 숨어야겠다'고 생각할 수도 있잖아요.

연희: 열이 받았던 것 같아요. (웃음) 나도 열심히 산다. 남들처럼 출퇴근하고, 열심히 일해서 번 돈으로 떳떳하게 살아간다. 그런 내가 왜 욕을 먹어야 하지? 그런 생각이 들었던 것 같아요. 당시 밀사의 글에 대한 반응이 난리도 아니었거든요. 특히 '머리 빈 애들이 쉽게 돈 벌려고 한다'는 얘기, 저는 그 말이 너무 싫었어요. 사람들이 잘못 알고 있다, 이 일을 너무 쉽게 안다는 생각에 화가 났습니다.

지승호: 인간으로서의 자존심이랄까 직업인으로서의 자긍심을 건드렸다는 얘기네요.

연희: 돌이켜보면 그런 것이 두려움보다 컸던 것 같아요.

지승호: 성노동운동에 뛰어들면서 힘든 일이 많았을 것 같은데요. 후회하신 적은 없나요?

연희: 성노동자라고 밝히면 성추행, 성희롱에 바로 노출되더라고요. 운동하는 사람들도 마찬가지입니다. 다른 여성들은 배려하고 존중

하면서, 그 앞에서는 섹스 이야기도 꺼리면서도 성노동자들 앞에서는 그러지 않아요. 제가 성노동자라고 밝히면 그때부터 손을 잡는다든가 팔을 잡는다든가 하는 식의 행동이 나와요. 너희는 돈 받고 몸을 파는 사람이니 그래도 된다고 생각하는 모양이죠. 그럴 때마다 후회가 안 되는 건 아니지만 그렇다고 돌아갈 수도 없잖아요. 정말 내가 열심히 해서 이런 말도 안 되는 선입견, 성노동자에 대한 폭력을 없애야겠다. 다른 사람들은 이런 일을 겪지 않도록 해야겠다고 생각했습니다.

지승호 : 여타 운동과 연대하면서 그런 점을 많이 느끼셨다는 건데요. 변화 가능성은 엿보이는지요.

연희: 2011년도 이후로 사람 많이 모이는 데는 잘 안 가요. 가도 거의 성소수자 관련 행사지요. 그쪽은 '터치'는 없어요. 혐오 발언이 아직은 많아서 그렇지. (웃음)

지승호: GG에서 활동하면서 어떤 부분이 제일 어려웠나요?

연희: 당사자와의 연대가 힘들었어요. 이쪽 산업은 너무 파편화되어서 힘을 모으기가 어렵습니다. 본업은 따로 있고 성노동을 부업으로 하는 분들이 느는 추세예요. 학생들도 그렇고. 이분들은 직업의식이 부족해요. 자기 조건을 개선하려는 동기가 약하다는 거지요. 잠깐 돈 벌러 왔을 뿐이다. 평생 할 일도 아니고 '전업 창녀'와는 사정이 다르다고 생각하는 거예요. 연대의 필요성을 느끼지 않습니다. 전업으로 일하시는 분들도 다른 이유로 연대를 꺼립니다. '평생 이렇게 살고 싶지는 않다. 나도 새로운 삶을 찾아가고 싶다. 뜻은 옳지만 나를 노출하고 성노동운동과 연대하면 평생 이렇게밖에 못 사는 거 아닌가.' 하는 걱정이 있는 거예요.

지승호: 지금 고생해서 모은 돈으로 번듯한 가게라도 차려보자고 생각하시는 분들도 많은 것 같은데요. 그런 상황에서 자기를 노출시키면 사회적으로 낙인 찍히는 거로 볼 수도 있고요.

연희 : 그렇게 오해하시는 분들이 많아요. 우리 얘기는 들어보지도 않고, 한 사람 한 사람 등록해서 신분을 모두 공개하자는 거냐, 공개적으로 창녀라고 외치라는 거냐, 라고 말합니다. 그동안 숨어서 일해온 게 사실이니까요. 나라에서 단속을 해왔잖아요. 등록한다고 해서 국가가 우릴 챙겨주겠느냐는 의심이 있어요. 잘해봐야 성병검진이나 하고, 시설에 강제로 몰아넣지 않겠느냐는 거죠. 이해할 수 있습니다. 공포심이 워낙 크니까요. 이런 상황에서 접근하는 데 시간과 품이 많이 드니까, 그런 게 어려운 것 같아요.

지승호: 결국은 설득인데요. 그렇다고 지금 GG 같은 모임도 여건이 아주 좋은 편은 아니잖아요. 시간과 노력을 들여서 운동의 외연을 확장하기가 그만큼 어렵다는 이야기인 것 같습니다.

연희: 처음부터 기대가 컸던 건 아니에요. 그분들이 왜 이 운동을 긍정하지 않고, 거부감을 가지는지, 그 마음들을 너무나 잘 아니까요. 이 운동이 잘될 거다, 내가 이렇게 하면 잘 풀릴 거라는 식의 생각이 애초부터 없었어요. 많이 어렵고, 힘들 것이고, 어쩌면 평생 운동을 해도 거의 바뀌지 않을 거라는 생각으로 시작했습니다. 그래야 쉽게 좌절하지 않잖아요. 제가 운동을 하는 동력은 그런 것 같아요. 차라리 희망을 가지지 않는 것, 어차피 쉽게 안될 거라고 생각해야 지치지 않을 것 같아요.

지승호: GG는 운동의 단기적인 목표로 성노동자 비범죄화나 합법화를 말씀하시는데요. 전 세계적으로 그런 사례가 얼마 없지 않습니까? 호주나 유럽의 몇 군데 나라뿐인데요. 한국에서의 실현 가능성

에 대해 어떻게 보시는지요.

연희: 저는 당장 비범죄화가 되면 오히려 위험해질 수 있다고 생각해요. 장점도 있지만, 아직 사회적 낙인이 크고, 우리가 힘도 약하고 당사자들이 정치에 참여할 수 없는 상황에서 법률이 제정되면 불리할 수밖에 없어요. 취지와 달리 '저 사람들은 자발적으로 몸을 파니까 내버려둬도 된다'는 인식이 퍼질 것 같습니다. 저는 '성노동의 비범죄화' 이전에 사회적 인식 변화가 먼저 이루어져야 한다고 봅니다.

지승호: 하지만 사람 생각이 쉽게 바뀌지 않잖아요. 가부장적인 분위기의 집안에서는 남자들 설거지 한번 시키는 것도 어려운데요. 보수적인 한국 사회에서 성노동에 대한 인식을 바꾸려면 어떻게 해야 할까요?

연희: 성노동에 대한 이미지를 바꾸는 게 중요해요. 보통 사람들의 머릿속에는 두 종류의 성노동자가 존재합니다. 하나는 집창촌에서 업주한테 두들겨 맞아가면서 강제로 일하는 '창녀'입니다. 삶을 포기한 채 약에 쩔어 하루하루를 견디며 살아가는 사람들이지요. 다른 하나는 강남의 고급 룸살롱에서 일하는 이른바 '텐프로' 같은 사람들입니다. 이들은 고위층들을 상대로 엄청난 돈을 벌어가며 화려한 생활을 합니다. 직장인들은 만나보려야 볼 수 없는 '고급 창녀'들이죠.

지승호: 양 극단만 생각하는 거네요. 그 사이에 존재하는 보통의 성노동자들이 대다수일 텐데 말입니다.

연희: 전체 성노동자에서 차지하는 비중이 극히 적은데도 인식이 그렇단 말이에요. 성노동을 보통의 삶과 떼어놓고 보는 겁니다. 하지만 실제로도 그런가요? 길거리에서 스친 평범한 여학생, 마트에서 백화

점에서 일하는 평범한 여성, 이들도 성노동자일 가능성이 있습니다. 저랑 친한 언니는 백화점 화장품 코너에서 일해요. 퇴근하고 저녁에 룸살롱에 나간단 말이에요. 낮에는 학교에 갔다가 밤에 일하는 사람들도 많습니다. 이 사람들, 아주 평범한 보통 사람들이란 말이에요. 그런 사람들이 성노동을 하고 있다는 것, 성노동이란 이처럼 우리의 일상과 밀접하다는 걸 알리는 일부터 시작해야 할 것 같아요.

'성노동'이라는 불편한 진실

지승호: 사회적 인식 변화도 그렇고, 성노동자들에게 실질적인 도움
을 주려면 어떤 것들을 운동 차원에서 밀고 나가야 할까요?

연희: 성노동자들이 좋은 환경에서 일할 수 있도록 하자는 게 제 생
각인데 구체적으로 어떠해야 하는지는 계속 고민 중입니다. 분명한
것은 최근 추세가 성노동자들에게 불리해지고 있다는 거예요. 성매
매특별법이 생기면서 오프라인에서 단속이 심해지니까 온라인으
로 거래가 이루어집니다. 사이트를 개설해서 가게를 홍보하고 손님
을 끌어모아요. 아가씨들 프로필에 나체 사진을 걸고 별 다섯 개 중
에 몇 개, 이런 식으로 평가합니다. 손님들이 와서 '인증샷'을 찍고
후기를 올려요. 자연스레 개인 신상 정보가 노출됩니다. 쓰는 사람이
야 아무 생각이 없겠지만 아가씨들한테는 위협이 될 수 있거든요. 어
쨌든 그러면서 평가에 따라 보수가 갈립니다. 다른 산업 분야와 마찬
가지로 경쟁이 치열해지면서 잘 버는 사람은 더 벌고 못 버는 사람은
더 못 버는 식으로 양극화되는 거예요. 성노동자들에게 최소한의 보
수를 보장하는 방안이 마련되면 좋겠다는 생각이 들었습니다. 업주
들이 가격을 깎는 쪽으로 가고 있단 말이에요. 노조 같은 걸 만들어
서 대항하는 것도 좋은 방법일 수 있고요.

지승호: 성매매업소들이 온라인으로 진출하면서 많은 변화가 있었
던 것 같네요.

연희: 온라인 유흥가 사이트에서는 업소에 많이 다니고 후기를 올린
사람은 권력이 돼요. 구매자들이 그 사람의 글을 신뢰하기 때문이지
요. 문제는 그런 사람들이 부당한 요구를 한다는 거예요. 후기 좋게
써줄 테니 '특별 서비스'를 해달라고 협박합니다. 업주들한테도 상

당한 부담인 거예요.

지승호: 그러한 내외적 압박으로부터 성노동자들을 보호하는 데 지금 당장 노동조합 같은 방식은 어렵지 않을까요? 성노동 자체를 인정하지 않는 상황에서 합법적인 조직으로 대응하기는 어려울 것 같고요. 설령 비합법 교섭단체 같은 걸 만든다고 해도 업주들이 요구에 순순히 응하지 않을 것 같은데요. 나빠지는 근무환경에 비해 바꿀 마땅한 수단이 없다는 게, 마치 계란으로 바위 치기 같은 느낌이 들 때가 있을 것 같은데요.

연희: 지방에는 이주 노동자들이 많습니다. 조선족과 중국인이 일하는 가게는 가격이 저희 가게보다 3만 원이 싼 거예요. 당연히 사람들이 그쪽으로 몰립니다. 어쩔 수 없이 우리 업주도 값을 내리기 시작하는 거예요. 당연히 저희한테 돌아오는 몫이 적어지지요. 이주 노동자들이 현실적으로 경쟁자가 되어버리니까, "조선족 너무 싫다." 이런 얘기가 나올 수밖에 없잖아요. 같은 성노동자들끼리 경쟁해야 하는 이런 상황이 저는 안타깝기만 합니다. 제가 서울에 있을 때는 별 생각이 없었습니다. 각자 자기 상황에 맞춰 일하면 되겠거니 했던 거예요. 그런데 막상 지방에 와서 일해보니까, 눈에 보이니까 짜증이 나는 거예요. 손님들 중에서도 이주 노동자에 대한 적대감을 보이는 분들이 많아요. "걔네들 때문에 우리도 임금이 깎였다"는 둥, 사장이 "이 돈이면 외국인 몇 명은 쓴다"면서 일하기 싫으면 나가라고 했다는 둥, 불만이 많습니다. 이게 어느 한 군데 문제가 아닌 '사회적' 문제라는 걸 깨달았죠.

지승호: 자기의 문제로 받아들이면 달라지는 거지요. 집회 때문에 차 막힌다고 짜증 내던 사람도 정작 본인의 문제가 되면 연대의 중요성을 말하게 되잖아요. 다른 노동운동 쪽 사람들은 성노동을 어떻게 보던가요?

연희 : 일단은 그게 뭔지 모르는 분들이 많아요. 처음엔 "그게 뭐냐?"고 묻다가 성매매에 종사하는 여성들의 권리 증진 운동이라고 소개하면, "그럼 성매매를 못 하게 하자는 운동이냐?"고 되물어요. (웃음) 그래서, 아니라고, 좀 더 건강한 환경에서 일할 수 있게 하자는 운동이라고 말씀드리면 엄청 조심스럽게 "직접 그 일을 하시나요?" 하고 묻습니다. 그렇다고 하면 그때부터 너무 어려워하는 거예요. (웃음) 그러다가 시간이 지나면서 서로 편해지는 거죠. 저 사람도 그냥 평범한 사람, 우리 주변에서 볼 수 있는 사람, 길 가다 만날 수 있는 그런 사람이다. 절대 특별한 사람이 아니다. 그렇게 받아들이는 것 같아요.

지승호 : 진보적이라고 생각하는 사람들조차도 성노동에 대해 편협한 시선을 가질 수 있습니다. 실제로 악의적인 태도도 많이 있었다고 들었습니다.

연희 : 2011년 광주 여성영화제에서 〈레드마리아〉가 개막작으로 상영된 적이 있었습니다. 이때 경순 감독님을 모시고 지역 사회단체와 세미나가 열렸습니다. 저도 참석했는데, 난리도 아니었어요. 반말은 다반사고 "하나님!" 어쩌고 하면서 마치 우리를 사탄 취급하시는 분들도 있었습니다. 한 여성단체 회원은 "너희 아버지도 그 일 하는 걸 아시냐"는 식으로 인신공격을 해왔습니다. 진보건 보수건 성노동에 대한 인식은 다를 바가 없구나 하고 생각했습니다. 성매매 여성을 피해 여성이라고 지칭하고, 쉼터까지 운영하시는 분들인데도, 당사자에 대한 배려가 없구나, 하는 것을 느꼈어요.

지승호 : 동성애자 운동을 하시는 분들도 개인적으로는 안쓰러워하다가도 어느 순간 동성애를 악(惡)으로 매도하는 사람들 때문에 힘들다고 합니다. 진보적인 운동가들도 정서적으로는 동성애나 성노동에 대해 반감을 가질 수 있어요. 아까 말씀하신 일부 여성운동가들

의 경우도 머릿속으로는 그렇지 않을 수 있지만 막상 눈앞에서 성매매 활동을 하는 사람이 나오니 충격을 받았을 수 있습니다. 이론과 감성의 간극, 그걸 좀 메워나가야 할 것 같은데요. 상대를 얕잡아보는 태도도 문제예요. 토론의 대상으로 동등하게 보지 않는 거죠. 반말이나 인신공격 같은 행위들이 그래서 나오는 것일 수도 있습니다. 성노동자들은 구원의 대상이지 대화의 상대는 아니라는 거죠.

반목을 넘어 연대로

지승호: 우리 사회가 성노동이라는 주제를 두고 대화의 장을 마련하려면 어떤 준비가 필요하다고 생각하세요?

연희: 정서적인 반감은 양쪽이 다 마찬가지예요. 저만 해도 활동 시작할 때는 여성단체에 대한 혐오가 컸고요. 활동가로서 참여한 세미나에서 그런 대접을 받으니 더 싫어지더라고요. 하지만 지금은 그 사람들 마음도 이해합니다. 그들이 그동안 해온 작업들, 해온 운동들, 책과 글들을 보면서 왜 나 같은 사람에게 날을 세울 수밖에 없는지 알게 되었습니다.

지승호: 구체적으로 말씀해주실 수 있을까요. 왜 일부 여성단체에서는 성노동에 대해 반감을 가지고 있는 건가요?

연희: 자신들이 쌓아온 것을 제가 부순다고 생각할 수 있을 것 같아요. 그분들 생각에 성노동 즉 성매매라는 것은 그 자체로 여성들에 대한 폭력이고 사라져야 할 악입니다. 그런데 저 같은 사람이 나타나서 "나는 그 일이 좋다, 자부심을 갖는다, 내 스스로 선택한 거고 앞으로도 계속하겠다." 이렇게 말하니 불편할 수밖에 없는 거죠.

지승호: 그래서 적개심이 생겼을 수 있다?

연희: 자기들이 틀린 게 되잖아요. 그분들 논리에 의하면 성매매는 사회적 문제고 저 같은 사람은 어쩔 수 없이 이쪽으로 흘러들어온 겁니다. 제가 말하는 '자발성'이 사실은 강요된 거라고 말하고 싶은 거예요. 그럴 수 있습니다. 실제로 어쩔 수 없이 이쪽 일을 하는 분들도 있고요. 하지만 그분들 주장이 현실을 제대로 반영하고 있지는 않잖

아요. 저는 그런 부분을 지적하고 싶은 거고요. 지금은 그분들 말도 어느 정도 일리가 있다는 생각이 듭니다. 접근 방식이 잘못된 거지 그 취지가 틀린 건 아니니까요. 그래서 작년부터는 제가 반성매매 단체에 연대 요청을 했어요. 이건 개인의 감정 차원이 아닌 성노동자, 현장에 있는 사람들을 위한 운동이니까요. 지금은 전화해서 "메일 한번 읽어 주세요." 이럽니다.

최근에 불법 성매매 신고 포상금제도, 몰카 단속 같은 게 생겼는데, 제가 거기에 반대하는 기자회견을 했습니다. 그때 반성매매 단체한테 계속 전화했어요. 다시 한번 생각해봐 달라고 말이에요. 이메일을 쓸 때도 그 단체에서 사용하는 단어만 사용했어요. '성노동자'가 아니라 '성매매 피해여성', '성판매 여성' 이런 식으로요. 제가 날을 덜 세우면 같이 갈 수 있지 않겠나 생각했습니다. 최근에는 비공식적으로 자리를 마련해서 이야기도 나눠봤습니다. 부드럽게, 그들이 어떻게 해도 저는 '괜찮다. 받아들일 수 있다'는 마음가짐으로 가보려고요. (웃음) 사실 광주 세미나 때는 너무 화가 나서 저도 막말을 좀 했거든요. 쉼터를 운영한다는 사람이 그 정도 인권 인식밖에 없느냐고 따졌지요. 지금은 후회가 돼요.

지승호: 연대의 과정이 필요하겠지요. 무조건 좋은 얘기만 해서는 안 되잖아요. 견해가 다르면 항의도 하고, 부딪히기도 하고, 상대방 입장에 서보기도 하면서 거리를 좁혀가는 걸 텐데요. GG에서도 여성단체와의 협력을 시도하고 계시다는 말씀이신 것 같습니다.

연희: 네. 물꼬를 트기 시작한 거죠.

지승호: 사회적으로 널리 쓰이는 '성매매 피해여성'이라는 표현에 대해서는 어떻게 생각하세요. 사회 전체로 보자면 누구나 시스템의 피해자라고 볼 수 있는 건데요.

연희: 그런 시각에는 한계가 분명해요. 아까도 말씀드렸듯이 지금 현실적으로 이루어지는 광범위한 자발적 성노동을 설명하지 못합니다. 유효한 부분도 있지요. 예컨대 군산 화재 사건 같은 경우 많은 여성들이 희생당했습니다.

지승호: 2000년 9월 군산 대명동 성매매 업소에서 불이 나서 5명이 사망한 사건을 말씀하시는 거죠. 여성들이 감금된 상태에서 성노동을 했다는 사실이 사회적으로 충격을 던져주었습니다. 2002년에도 개복동 성매매 업소 집결지에서 불이 나 감금되어 있던 여성 14명이 사망하기도 했죠.

연희: 감금 노동은 그 자체로 죄악입니다. 성노동만 그런 게 아니고요. 당시의 사고에 이목이 집중된 것은 그것이 반인권적인 상황에서 발생했기 때문입니다. 계속 저희를 피해자, 낙오자, 도와줘야 할 사람으로 보는 것은 문제 해결에 아무런 도움도 주지 못해요. 당사자들의 인권을 개선하는 데도 오히려 역효과를 낳지요.

지승호: 예전에는 인신매매 같은 문제가 있었잖아요. 요즘은 그런 게 많이 사라졌다고 봐야 하나요?

연희: 직접 들은 적은 없어요. 다만, 뉴스에 조금씩 나오니까, 간혹 존재한다고만 인식하고 있습니다. 성노동과 직접적인 연관이 있다고는 생각하지 않아요.

지승호: "여러분, 부디 안녕합시다"라는 대자보를 쓸 생각은 어떻게 하셨나요? 밀사 씨가 대표로 썼다고는 하지만 함께 이야기를 했을 텐데요.

연희: 대전에서 어떤 성노동자 분이 먼저 "나는 성매매 여성입니다"

라는 대자보를 페이스북에 올려주셨지요. 그분도 원래 다른 데서 운동하시던 분이었다고 해요. 아무튼 반응은 컸습니다. 새로운 문제제기로 받아들이는 분도 있었지만 안타깝게도, 부정적인 반응이 압도적으로 많았지요. 음모론도 제기됐습니다. 보수진영이 우리의 도덕성을 떨어뜨리려고 한 공작이라는 식으로 받아들이더라고요. 저희도 대자보를 쓸 권리가 있고, 우리 주장을 할 수 있는 건데 오히려 진보라는 사람들이 더 배척하는 거예요.

일베 같은 사이트는 뭐 그냥 논의할 것도 없는, 수준 낮은 욕설이었으니까 넘어갈 수 있다고 생각했어요. 그런데 진보적 운동 내부에서 이렇게 보는 건 좀 아니잖아요. 자기들에게 피해를 준다고 생각하더라고요. 너무 화가 나서 밀사랑 제가 대자보를 썼습니다.

지승호: 운동의 대중성, 혹은 '선택과 집중'을 염두에 둔 반응들이었을 거로 봅니다. 더 급한 문제가 많다, 민주주의가 후퇴하고 있고, 다른 할 일이 많은데, 이런 것까지 해야 하나, 하는 것과 대중들에게 반감을 사서 좋을 게 없다는 판단이었던 거겠죠. 보수정권이 들어서고 진보운동이 위축되는 상황에서 성노동운동이 진입하기가 더 어려울 수도 있고요. 여러모로 배타적일 수 있을 거 같습니다.

연희: 핑계에 불과해요. 사실은 끼워주기 싫은 겁니다. 그래서 이런 저런 이유를 대시는 분들에게 좀 자극적이긴 하지만 다음의 사례를 들어요. 지난 2010년 일본에서 한인 성노동자 여성이 살해된 사건이 있었습니다. 그런데 법정에서 '살인 의도가 없었다'는 이유로 상해치사 판결이 납니다. 상해치사는 살인죄보다 처벌이 훨씬 약해요. 명백한 살인을 그런 식으로 유야무야 넘어가는 분위기더라고요. 분노한 저희 GG 사람들이 변호사를 선임해서 일본에 가려고 했습니다. 하지만 거절당했어요. 인권변호사 단체며 어디며 여기저기 알아봤지만 변호할 수 없다는 이야기만 들었어요.

지승호: 이유가 뭐죠?

연희: 제가 알기로 오직 하나, 그들이 남의 나라에 가서 몸을 팔았기 때문이에요. 변호해주기 싫은 겁니다. 정말 인권의 사각지대에 있구나 싶었습니다. 소위 '원정녀 동영상'이 퍼졌을 때도 이와 비슷한 일이 벌어졌습니다. 그 일로 동영상에 나오는 여성 두 명이 자살했어요. 그런데 아무도 몰라요. 방송에도 신문에도 나오지 않거든요. 저희는 동영상을 찍은 가해자를 잡아 제대로 처벌해달라고 요청했지만 해결되지 않았습니다. 자극적이고 선정적이라는 걸 알면서도 이런 예를 들지 않을 수가 없습니다. 그러면 그나마 사람들이 흔들려요. 인간적으로 미안한 마음이 생기는 거죠.

성매매특별법에 반대하는 이유

지승호: 밀사 씨의 경우 대자보를 쓰면서 활동가로서의 자세를 성찰하는 계기가 됐다고 하셨는데, 연희 씨는 어떠셨는지요?

연희: 대전 지역의 성노동자 분이 쓰신 대자보의 영향을 많이 받았던 것 같아요. 그분과 함께하고 싶은 마음이 컸고요. 그동안 저의 활동이 헛된 것은 아니구나, 단 한 명이라도 그렇게 자기 목소리를 내는 분이 생겼구나, 고맙고 보람 있다는 생각이 들었습니다. 트위터에서 정말 유명하신 분들이 우리더러 프락치라고 손가락질할 때 제가 나서서 그렇지 않다고 반박했습니다. 그럴 때 힘을 주신 분들도 많았습니다. 연희 씨가 그렇게 말씀하시면 믿겠다며 신뢰를 보내신 분들도 있었고요. 대전에서 대자보 쓰신 분은 낙태를 하고 바로 일을 하러 간다고 쓰셨더군요. 성노동자들의 열악한 환경을 알리고자 한 겁니다. 저를 믿는 분들, 용기 있게 자기 목소리를 내는 분들을 보면서 저 역시 힘을 내야겠다고 생각했습니다.

지승호: 현업에 계신 분이 더 많이 목소리를 낼수록 운동에 힘이 실릴 텐데요. 현실적으로 성노동자들이 커밍아웃하기가 어렵지 않습니까? 현재 운동의 단계에서 어떤 게 더 좋은 방법일까요? 동성애자들 사이에서도 커밍아웃을 통해 힘을 모으자는 의견도 있고, 강요해선 안 된다, 개인의 선택으로 남겨둬야 한다는 의견도 있는 것으로 알고 있는데요.

연희: 우리나라는 아직 그런 걸 논할 단계가 아니고요. (웃음) 다만 GG는 후자의 입장이에요. 일단 개인이 감당하기에 위험부담이 너무 크고요. 그냥 익명으로라도 연대하고, 계속 논의의 장을 넓혀가자는 정도예요. 누군가 십자가를 메고 나서주는 것도 좋지만 그건 그 사람

에게 가혹한 일이잖아요.

지승호: 연희 씨의 경우 어느 정도 드러내놓고 활동을 하시잖아요. 현행법상 성매매가 불법이다 보니 언제든 경찰에 불려갈 수 있는 상황인데, 그런 부분이 마음에 걸리지 않으세요?

연희: 무섭죠. 조심하게 됩니다. 운동 초반이었는데요, 접속을 해보니 메일 계정이 털려 있는 거예요. 제가 안 읽은 메일이 읽은 걸로 체크되어 있었어요. 불안해서 메일도 삼가고 트위터도 안 쓰고 그랬어요. 아마 제가 운동을 안 했으면 대충 넘어갔겠죠. 지금은 좀 무뎌진 것 같습니다만.

지승호: 성매매특별법에 대해서는 어떤 생각을 가지고 계신가요?

연희: 긍정적인 면이 분명히 있어요. 예컨대 업주로부터 진 빚, 성매매와 관련한 사채를 갚지 않아도 된다든가 하는 건 성노동자들에겐 매우 큰 겁니다. 또 하나, 덕분에 이쪽에서 조폭들이 많이 빠져나갔어요. 돈이 안 되니까. 요즘은 오히려 일반인 업주들이 많아요. 제가 전에 있던 데는, 저희는 삼촌이라고 부르는데요, 업주가 대학원생이었어요. 저희 일할 때 삼촌은 논문 쓰고. (웃음) 성노동자들이 폭력, 억압 같은 데에서 조금 자유로워진 면이 있어요.

지승호: 이중적이네요. 돈이 안 되니까 조폭들이 빠져나가고.

연희: 오래 계셨던 분 말로는 예전보다 가격은 외려 더 내려간다고 합니다. 타산이 안 맞는 거예요. 일전에 조폭 같은 사람들이 손님으로 온 적이 있는데 요새는 차라리 건축 사업이나 철거나 시위를 막는 용역 일이 낫다고 하더라고요.

지승호: 그럼에도 GG에서 성매매특별법에 반대하는 이유는 뭔가요?

연희: 부작용 때문입니다. 성구매자와 매매자를 모두 처벌하다 보니 점점 음지에서 거래가 이루어져요. 성노동자들이 위험부담은 고스란히 떠안게 됩니다. 가게는 단속에 걸릴 위험이 크잖아요. 그래서 인터넷을 통해 일대일로 '조건만남'을 많이 한단 말이에요. 이게 너무 위험합니다.

지승호: 어디서 어떤 사람을 만날지도 모르고.

연희: 그렇기도 하고, 돈을 못 받은 일이 많아요. 돈은 나중에 주겠다고 하고선 일이 끝나면 도망갑니다. 때리고 여자 지갑까지 훔쳐서 가는 사람도 있어요. 완력으로는 남성을 이길 수가 없잖아요. 성노동의 특성상 개인적인 공간에서 일대일로 이뤄지는데, 그런 사람을 만나면 굉장히 공포스럽거든요.

지승호: 성매매가 불법화되면서 집창촌이 없어지고, 개별적으로 활동하게 되면서 위험부담이 커졌다는 건데요. 합법화가 요원한 상황에서 단기적으로라도 이를 막을 방법이 있을까요?

연희: 당장 합법화가 어렵다면 법적으로 금지상태로 두되, 단속은 하지 않는 게 좋아요. 그러면서 조금씩 현실에 맞게 고쳐나가는 거예요. 이를 통해 성산업을 양지로 끌어내면 노동여건도 좋아지고 감금노동 같은 불법적인 일도 사라지지 않을까 생각해요.

지승호: 한계도 있겠지요. 일단은 불법이니 폭력을 당해도 신고할 수 없으니까요. 실제로 그게 아니더라도 위험에 노출이 많이 될 수 있는 일이잖아요.

연희: 구매자들이 법을 이용하는 거예요. 성노동자들이 신고하기를 꺼린다는 사실을 잘 알고 있거든요. 이걸 약점 삼아 이용하는 겁니다. 자기도 처벌을 받잖아요. 게다가 창녀라는 사회적 낙인까지 감수해야 하니 누가 신고를 하려고 하겠어요. '진상 손님'들이 그걸 무기로 쓰고 있어요. '내가 아무리 막 대해도 너는 신고 못 한다.' 폭력의 배경에는 이런 믿음이 있는 거죠.

지승호: 구매자들의 인식에도 문제가 있는 듯합니다. 밀사 씨와의 인터뷰에서도 같은 말씀을 드렸습니다만, 서비스가 아니라 그 사람 자체를 샀다고 여기니까요. 현장에서의 성폭력을 막으려면 인권의식과 함께 성노동에 대한 의식도 바뀌어야 할 것 같습니다.

연희: 성노동자들에 대한 폭력을 처벌할 수 있는 제도적 장치와 함께 인식 개선도 있어야겠죠. 먼 얘기이긴 하지만.

지승호: 제도적 장치라면 어떤 게 있을까요?

연희: 해외 활동가들이 가장 강조하는 것이 바로 '공권력'입니다. 물론 성노동을 인정하고 비범죄화한 나라들에 해당하는 것이긴 하지만 "무슨 일이 일어났을 때 경찰의 보호를 받을 수 있다는 점이 가장 큰 힘이 된다"는 겁니다.

지승호: 그렇죠. 경찰을 부를 수만 있어도 폭력을 예방하는 데 큰 힘이 되겠죠.

연희: 지금 우리나라에서는 신고하는 순간 '피의자'로 둔갑하잖아요. 독일이나 뉴질랜드 같은 나라에는 경찰이 '절대 하지 말아야 할 발언'처럼 성노동자를 대하는 수칙 같은 게 있어서 이를 교육받는다고 해요. 성노동운동 단체들이 이를 감시하고 지원하는 거고요.

지승호: GG 활동을 하면서 개인적으로 어떤 점이 제일 달라졌다고 생각하세요?

연희: 운동하면서 생각이 좀 더 깊어진 것 같아요. 성노동 문제뿐 아니라 다양한 사회적 이슈를 접하게 되니까요. 예컨대 국내의 에이즈 감염자 운동은 규모가 작단 말이에요. 해외의 경우는 다릅니다. LGBT 운동[21]이나 섹스 워커[22] 권리 찾기 운동

처럼 에이즈 감염자 운동도 활발해요. 해외 연대 활동하면서 에이즈 환자를 처음 봤어요. 그전에는 별다른 인식도 없고 그저 걸리면 죽는 병쯤으로 알고 있었죠. 무서웠어요. 가까이 가지 말아야겠다고 생각했습니다. (웃음) 그러다 저들이 처해 있는 상황을 알게 되니 거부감보다는 동질감을 느꼈습니다. 그런 식으로 사회적 약자를 대할 때 감정적 판단 대신 사회·역사적 맥락을 이해하려고 노력하게 된 것 같아요.

지승호: 당사자들의 사정에 대해서 깊이 생각을 하게 되었다는 건데요. 말씀하신 대로 해외는 성소수자 운동과 성노동운동이 잘 결합하는 데 반해 한국은 아직 그렇지 못한 것 같습니다.

연희: LGBT 행사에 가면 성노동자랑 에이즈 환자, 이주노동자랑 마약사용자들이 함께 구호를 외쳐요. 서로의 차이보다는 소수자라는 공통점을 중요시하는 문화랄까, 그런 것이 부러웠습니다. 사실 이들 사이에는 겹치는 부분이 있기도 하고요. 실제로 성전환자들이 성노동을 하는 경우가 많잖아요. GG 같은 모임에 이런 분들이 한 명이라도 들어오면 좋겠다 싶었습니다. 저는 잘 모르니까요. 함께 이야기하다 보면 이해를 더 넓힐 수 있지 않을까 생각했어요. 다행히도 최근 MTF 트랜스젠더[23] 섹스 워커가 한 분 들어오셨는데 그분을 통해서

동성애 쪽과도 연대 폭을 넓혀가고 있습니다.

지승호: 동성애 운동은 예전에 비해 많이 발전했잖아요. 일반인들의 인식도 많이 달라졌고요. 최근엔 광화문에서 동성 결혼식[24]이 이루어지기도 했는데요. 그런 면에서 부럽기도 했을 것 같습니다.

연희: 물론이에요. 그런 기사를 접하고서 우리도 언젠가는 당당하게 자기 선언을 할 수 있을 거라는 희망을 가졌습니다. 동성애운동과 연대하면서 서로 이야기하고, 세미나도 하고 공부도 하면서 배울 점도 많았습니다.

성노동의 다양한 층위

지승호: 우리 사회에서 '성매매 여성'은 곧 낙인과도 같다고 말씀하셨는데요. 과거에 비해서 어떻습니까? 지금도 마찬가지일까요?

연희: 예전에는 우호적인 부분이 있었습니다. 저 사람은 몸을 팔 정도로 어렵게 사는구나, 하는 인식이 있었죠. 제가 일을 시작했을 때만 해도 불쌍하다며 팁을 주는 손님들이 많았어요. 그러다 점점 분위기가 바뀌었어요. 너도나도 먹고살기 어렵다고 아우성이다 보니 성노동자들이 외려 편하게 일한다는 생각들을 합니다. 그럼에도 사회적으로 비난받을 직업이라는 생각들은 여전하고요.

지승호: 아까 성매매특별법이 발효되고 단속이 강화되자 조폭이 많이 빠져나가는 대신 평범한 분들이 업소를 운영하는 경우가 많다고 하셨는데요. 성노동을 하는 분들도 다양한 동기와 사회적 층위가 있을 것 같은데요.

연희: 다 다르죠. 잠깐 말씀드리자면 이렇습니다. 우선 불우한 환경에서 시작한 사례가 있어요. 폭력적인 가정에서 자라다가 집을 나와 일을 시작한 사람이 있고요. 우리가 흔히 떠올리는 '전형적인' 경우지요. 돈을 벌려고 시작한 분도 있습니다. 제가 아는 한 언니는 20대 때 악착같이 일해서 모은 돈으로 지금은 다른 일을 하면서 잘 지냅니다. 또 '알바' 삼아 잠깐 나오는 사람, 특히 학생들이 많아요. 학비나 자취 비용을 마련하기 위해 잠깐씩 일하러 오는 경우지요.

지승호: 동기와 처한 현실은 달라도 계속 성노동을 하려는 분들은 적지 않나요? 빨리 돈 벌어서 이 생활을 접어야지 하는 게 보통의 생각일 것 같은데요.

연희: 성노동이 힘든 건 맞지만, 다른 일을 하려고 해도 그게 마음처럼 쉽지가 않아요. 사회적으로 여성이 할 수 있는 일이 많지 않잖아요. 경제적인 면만 고려한다면 성노동이 다른 직종에 비해 나은 부분도 있으니까요. 전업하려면 마음을 굳게 먹어야 해요.

지승호: 비록 위험부담도 따르고 떳떳하게 내세울 수는 없지만 수입 면에서는 다른 일보다 나을 수 있다는 거네요. 그렇다면 쉽게 돈을 벌려고 한다는 비난이 전혀 틀렸다고 할 수 없는 거 아닐까요?

연희: 그렇죠. 하지만 성노동자들에게만 그런 비난이 쏟아진다는 게 문제예요. 우리 사회에서 돈은 최고의 가치잖아요. 누구나 쉽게 더 많은 돈을 벌려고 하죠. 그렇다고 성노동자들이 떼돈을 버는 것도 아니잖아요.

지승호: 연희 씨의 경우 성노동을 시작한 계기가 뭔가요?

연희: 제가 집에서 나와서 월세방을 얻었는데 관리비가 엄청 들어가는 거예요. 돈에 대한 개념도 별로 없던 터라 많이 힘들었습니다. 시간당 몇천 원짜리 아르바이트로는 감당이 안 되는 거예요. 하루 8시간, 12시간을 일해도 월세 내고, 관리비 내고 하니까 남는 게 없어요. 좀 더 조건이 좋은 일자리를 찾다가 무슨 '바'라는 곳을 알게 되었습니다. 같이 술 마셔주면서 이야기를 듣는데 시간당 5000원이라는 거예요. 당시로선 정말 큰돈이었습니다. 일하는 시간도 괜찮았어요. 오후 6~7시에 시작해서 새벽 3시 정도면 끝나니까요. 학교 다니면서 일하기가 좋았습니다. 그러다 몸이 안 좋아졌습니다. 위염이 생겨서 더 이상 술을 마시지 못하게 된 거예요. 손님이랑 얘기하다가 화장실에 가서 토하고 하니까 사장이 불러다 혼을 내면서 그만두라고 합니다.

조금 쉬다가 다시 일자리를 알아보는데 술을 안 마셔도 되는 '바'

가 있는 거예요. 전화를 해보니 일단 만나자고 해요. 카페에서 말끔하게 생긴 사장을 만났습니다. 그 사람이 하는 얘기가, 술은 손님이랑 맥주 한 병만 마시면 된다. 대신 애인같이 '연애'를 해주라는 거예요. 처음엔 무슨 말인지 이해를 못 했습니다. '연애'라니, 손님과 사귀라는 건가? 그래서 대충 열심히 하겠다고만 했습니다. 그런데 막상 차를 타고 가서 내린 곳이 속칭 '미아리 텍사스'인 거예요. 내 인생은 이제 끝났구나, 싶었죠. 도망갈 엄두가 안 나더라고요. 거기 '이모'들도, 지금 생각하면 그냥 평범한 사람들인데, 그때는 그렇게 무서워 보이더라고요. 말도 굉장히 강하게 하고. 엄청 울었습니다.

지승호: 일단 납치당했다는 생각이 드니까. 경황도 없고 이성적으로 판단이 안 서는 상황이었겠군요.

연희: 정신없이 울고 있는데, 언니들이 옷을 입혀본다며 이 옷 저 옷 대보는 거예요. 머리를 만져주면서 이제 그만 좀 울라고 달래더라고요. 제가 "저 이제 집에 못 가는 거예요?" 하니까 아니래요. 퇴근해서 다음날 출근해도 된다고 하면서 그제야 자초지종을 말해줍니다. '연애'라는 게 화류계 용어로 '섹스'를 뜻하는 거였더라고요. 저는 좀 놀랐던 게, 상상했던 것과 달리 분위기가 매우 가족적이었다는 거예요. 제가 우니까 언니들이 너무 잘해주시고, 밥도 챙겨주고, 먹을 것도 시켜주고…. 따뜻한 느낌이었습니다.

지승호: 우연히 좋은 분들을 만난 것 같은데요. 그렇지 않은 곳도 있지 않았을까요?

연희: 저는 굉장히 운이 좋았다고 생각해요. 그 언니들도, 그 업주도 굉장히 좋았거든요. 그렇게 챙겨주는 모습이 좋아서 하루만 해보자고 마음먹었습니다. 머리도 하고, 가발도 써보고, 신발도 벗었다, 신었다 하면서 유리방에 앉아 있는데, 오만 가지 생각이 다 드는 거예

요. 쇼윈도에서 "오빠, 이리 와." 하고 호객행위를 해보라는데, 도저히 못 하겠더라고요. 비참하다는 생각이 떠나질 않았습니다. '왜 내가 이런 사회 밑바닥에 있어야 하지.' 그래도 일을 마치고 나오니 할 만하다 싶었습니다. 집으로 돌아간다고 하니 10만 원을 손에 쥐여주더라고요. 큰돈이었습니다. 잘만 하면 학교 공부도 계속할 수 있겠다 생각했습니다. 다음날 나갔더니 언니들이 무척이나 반겨요. 안 올 줄 알았다면서 말이죠. 그렇게 언니들과 사는 얘기도 하고 서로 챙겨주면서 일을 계속하게 된 거예요.

지승호 : 일하시면서 후회하신 적은 없나요?

연희 : 건강이 나빠졌습니다. 제가 성병에 대한 인식이 없었거든요. 언니들 말을 듣고 피임약은 꼭 챙겨 먹었는데 성병은 잘 몰랐습니다. 학교 다닐 때도 성교육을 제대로 못 받았고요. 콘돔을 기피하는 손님들이 있어서 그냥 성관계를 맺다가 병에 걸린 적이 많아요. 수개월간 병원에 다녀야 했습니다. 성노동자들이 이런 점을 잘 알아야 해요. 안 그러면 건강을 해치게 됩니다.

지승호 : 일을 하면서 공부도 계속할 생각이셨다고 했는데요. 어땠습니까?

연희 : 다니던 대학은 결국 그만두었습니다. 그전에 대학에 대한 환상이 있었나 봐요. 공부를 위해서 대학을 가는 것이지 결코 취업하려고 가는 건 아니라고 생각했거든요. 근데 막상 와보니 다들 취업이 목적인 거예요. 실망이 컸습니다. 빚까지 내가면서 대학 졸업장을 따느니 차라리 하고 싶은 일을 하기 위해 돈을 모으자고 생각했습니다.

지승호 : 성노동을 통한 수입이 비교적 다른 일보다 낫다고 하셨는데요. 실제로 돈을 모아서 다른 일을 하신 분들이 많이 있나요?

연희: 있긴 있는데, 대부분 자영업이죠. 지금 언니들도 음식점, 호프 집 이런 것을 많이 차려요. 네일아트 가게 같은 것도 하고요. 그런데 많이 망해서 다시 와요. (웃음) 성노동자 개인의 문제가 아니라 할 수 있는 일이 워낙에 적으니까 한계가 있는 거 같아요.

지승호: 마음이 약한 분들도 많이 계실 것 같습니다. 독하게 돈을 벌기보다는 사람들 사정 봐주고, 돈이 없다고 하면 외상도 주고, 그래서 그런 건 아닌가요? (웃음)

연희: 개인차가 있겠지요. 진짜 악착같이 하시는 분도 봤고요. 그런데 남의 사정을 잘 봐주는 분들이 정말 많았어요. 서로 돈도 많이 빌려주고 보증도 서주고 그러다 같이 돈도 날리고. (웃음) "쟤는 친구니까 괜찮다." 그러다가 당하는 거지요.

지승호: 처음 업소에 갔을 때 가족적인 분위기였다고 하셨는데요. 실제로 동료의식이 강해서 그런 건 아닐까요? 요즘은 아무리 친한 친구라도, 심지어 가족끼리도 보증을 안 서주잖아요.

연희: 그런데 돈 때문에 다툼이 생기는 경우도 많아요. 빌린 돈을 안 갚는 경우도 허다하고. 특히 나이 든 선배 언니들이 많이 그래요.

지승호: 아무래도 나이가 들면 장래가 불안해지고 하니까 더욱 그렇겠지요.

연희: 장래가 불안정한 건 맞아요. 나이가 많아질수록 일하기가 힘들잖아요. 40~50살까지만 해도 괜찮은데 60대가 되면 은퇴를 생각해야 합니다. 성노동도 다른 분야와 마찬가지라는 점을 말씀드리고 싶어요.

'텐프로'와 '스폰서'

지승호: 운동하면서 가장 보람이 있을 때는 언제였나요?

　　연희: 서로의 마음이 통할 때죠. 제가 밀사한테 그랬던 것처럼 진심으로 저에게 연락을 주시는 분들이 있어요. 운동의 취지를 알아주시고, 응원해줄 땐 정말 고맙고 또 보람을 느끼죠. 제가 어느 가게에 가서 한 달 정도 일을 했는데, 거기서 저를 알아보시는 거예요. 나, 네가 하는 운동 좋다고, 나도 이 일 계속할 건데, 우리가 좀 나아졌으면 좋겠다고, 네가 고생한다고, 그럽니다. 말씀만으로도 고맙고, 내가 잘하고 있구나, 많은 사람이 지켜보고 있구나, 더 잘해야겠다 하는 생각이 들었습니다.

지승호: 반면에 운동하면서 힘들었던 부분은 어떤 게 있었나요?

　　연희: 동지라고 생각하는 멤버들이랑 문제가 생길 때는 아쉬운 마음이 들죠. 현장의 어려움을 잘 모르면서 말할 때는 조금 거리감도 느끼고 그렇습니다.

지승호: 밀사 씨하고 두 분은 동지 의식도 있고, 잘 지내시는 것 같은데요. 활동가와 현업에서 일하시는 분들 사이에 갈등은 없나요?

　　연희: 있어요. 우선 학벌 문제예요. GG 회원 중에 대학을 다니면서 '조건만남'을 하는 언니가 있었는데, '스폰서'도 있고 그게 자기한테는 굉장한 프라이드였나 봐요. 그런데 이분이 고등학교도 졸업 못하고 어려서부터 일을 시작한 언니를 계속 무시하는 거예요. 자기는 좋은 대학 다닌다는 거죠.

지승호: 아니, 운동을 하신다는 분이…. (웃음)

> **연희**: 성산업도 계층화되어 있어요. 룸살롱을 다니면 굉장히 높은 계급에 속하죠. 나머지는 '기타 업종'으로 치부됩니다. 그분들은 은 연중에 다른 성노동자들을 무시하기도 합니다. 돈을 대주는 스폰서가 빵빵할수록 계급은 더 높아져요. 수입 차이도 크다 보니까 서로 이질감을 느끼게 됩니다.

지승호: 노동운동의 경우도 정규직과 비정규직 간의 갈등이 있듯이 성노동운동 현장에서도 그런 일이 있군요. 말씀하신 것처럼 층위가 굉장히 넓고, 일의 종류도 많고, 수입도 천차만별이라 같이 얘기하기가 쉽지 않은 부분이 있을 수 있겠네요. 아직 운동 초기임에도 그런 갈등 요소가 있다면 앞으로 운동을 확장시켜나가는 데 장애가 될 수도 있다는 생각이 드는데, 어떻습니까?

> **연희**: 다 같은 성노동자라는 연대의식이 중요할 것 같아요. 저는 계속 집창촌에서 일해왔고, '삽입섹스' 일을 하는, 말하자면 굉장히 낮은 계급에 속해요. 다른 식의 성노동, 예컨대 유사 성행위를 하는 분들은 그런 우리와는 다르다고 생각합니다. '우리는 너희만큼 더럽지 않다, 깨끗하다, 일반인들과 비슷하다'고 생각하는 거죠. 결국은 사회에서 일반인들이 우리를 보는 것과 똑같은 시선인 거예요. 차별받는 사람들이 자기보다 못한 사람을 차별하면서 대리만족을 느낀달까. 아무튼 성노동자들끼리만이라도 그러지 않았으면 좋겠어요.

지승호: '삽입섹스'가 가장 일차적인 노동이라고 보는 거군요. 그에 비해 소위 '텐프로' 종사자들은 수입도 많고 '2차'도 안 나가는 경우도 많다고 하니까, 계급적 우월감을 느낀다는 말씀이군요.

연희: 자기는 상류층이라고 생각하는 거죠.

지승호: 구매자들에 대한 생각은 어떠신가요? 소위 '진상 손님'들처럼 피해를 주는 경우도 있을 수 있고요. 성매매특별법 발효 이후 달라진 점이 있나요?

연희: 나이트클럽 옆에 있는 가게에서 일한 적이 있는데, 그곳 손님들은 자괴감이 있어요. 자기들은 나이트에서 '여자 한 명 못 꼬셨다'는 거죠. (웃음) 성매매업소에서 돈을 주고 섹스를 하는 건 못난 남자들이나 하는 일이라고 보는 거예요. 구매자들도 성매매에 대해 좋지 않게 생각하는구나, 자기들이 능력이 없어서 이곳에 왔다고 생각하는구나, 라고 생각하니 너무 재밌더라고요. 성매매가 법으로 금지되자 구매자들도 뭔가 떳떳하지 못한 일, 부끄러운 일이라는 생각들을 많이 하는 거 같아요.

지승호: 성매매 금지를 강력하게 주장하는 분들의 논지 중 하나가 이걸 허용하면 "여성의 몸을 손쉽게 살 수 있다는 생각 등 반여성주의적 사고가 확산될 수도 있다"는 건데요. 여기에 대해서는 어떻게 보세요?

연희: 콘돔 때문에 성문화가 문란해질 거라는 주장과 비슷하다고 생각해요. 거기엔 섹스는 죄악이라는 생각이 깔려 있어요. 오히려 여성의 성해방을 저해할 수 있지요. 여성의 성생활이 사회적 낙인으로부터 자유로워져야 합니다. 저는 오히려 남성들의 욕망을 자극하는 여성성이 권력이 될 수도 있다고 생각해요. 여성에 대한 성적 대상화가 비록 남성권력하에서 이루어지긴 하지만, 이걸 역으로 이용할 수도 있고요.

그리고 성노동에 대해 '몸을 판다'는 식으로 생각하는 건 옳지 않습니다. '섹스=몸'이라는 건 틀린 사고예요. 여성에게는 다양한 특질이 있고 섹스는 그중 일부일 뿐이잖아요. 성노동은 구매자의 요구에 상응하는 서비스를 제공할 뿐이고요.

지승호: 사회 · 경제적 약자가 자신의 의지와는 상관없이 억지로 성매매에 내몰리고 있다는 주장도 있습니다만.

연희: 그건 성노동자들의 노동자성을 부정하는 것이죠. 자기 의지가 있는 겁니다. 서비스를 하려면 자신들이 주도권을 가지고 있어야 하거든요. 실제 현장에서 성노동이 어떻게 이루어지는지 알지 못하기 때문에 그런 식으로 생각하는 겁니다. 강압에 못 이겨 섹스를 하는 비참한 존재, 정신적으로나 육체적으로 건강하지 못한 존재, 이런 인식부터 버려야 합니다. 그러지 않으면 성노동자들은 계속해서 음지로 내몰릴 수밖에 없어요.

물론 먹고살기 힘들어서 일을 시작하는 사람도 많습니다. 경제가 어려우니까요. 그런 분들이 어쩔 수 없이 성노동을 택하는 건 사회적으로도 바람직하지 않지요. 하지만 그건 구조적인 문제잖아요. 그렇다면 빈곤해소, 복지 차원에서 접근해야죠. 그 사람들을 피해자로 낙인찍는다고 해서 해결이 되느냐는 거예요. 아무 대책도 없이 말입니다.

지승호: 성산업이 비대해지면 경제 구조가 왜곡되지 않겠냐는 시각에 대해서는 어떻게 생각하세요? 실제로 유사 성매매 업종까지 포함하면 산업 규모가 어마어마하다는 통계도 있지 않습니까?

연희: 경제구조가 왜곡되는 것까지는 제가 어쩔 수 없고요. (웃음) 다만 원하지 않는 분들이 어쩔 수 없이 이쪽으로 오는 건 막아야겠죠. 이 일이 하기 싫고 괴로운데, 정말 돈이 없어서 들어오는 사람들이 있거든요. 우리나라 여성의 노동환경이 너무 안 좋아서 그래요. 달리 할 만한 일이 없잖아요. 다만, 하고 싶은 사람은 하게 두자는 게 제

생각이에요. 그리고 성산업이 비대해지면 안 좋다고 하는데 이와 관련한 분야가 한두 군데가 아니잖아요. 우리나라 유흥산업, 술집, 의류업계, 화장품, 미용실 등등 성산업이 축소되면 이런 데도 타격을 받을 텐데 그런 건 괜찮은 건지. (웃음) 아무튼 그건 정부 경제관료들이 걱정해야 할 몫인 것 같습니다. 성노동자들은 산업구조가 왜곡되는 데 책임이 없어요.

성노동은 죄가 아니다

지승호: 연희 씨는 지금 우리나라 성노동자의 지위가 어느 정도라고 생각하는지요. 사회적 인식이나 처우 문제까지 포함했을 때.

> **연희**: 예전에 아시아·태평양 섹스워커 회의에 참석한 적이 있습니다. 거기서 나라별 법률문제나 성노동자 인권상황에 대해 이야기도 나눴고요. 유엔에서 나라별로 성노동자의 인권 등급을 매기는데 우리나라 수준이 네팔이랑 비슷한 거예요. 필리핀이나 인도네시아도 우리보다 수준이 높았습니다. 그나마 이슬람 국가들보단 났더군요. 거긴 총살이거든요. (웃음)

지승호: 현장에서 일을 하다가 성노동자 권리 운동에 관심을 갖게 된 경우인데요. GG 활동을 하면서 가장 인상적이었던 건 무엇인가요?

> **연희**: 2011년 영등포 집창촌 철거 반대 집회에 다녀온 것이 기억에 남아요. 그때 다른 현장 노동자들과 처음으로 부딪혀볼 수 있었던 것 같아요. 업주들이 좀 많긴 했지만. 그게 저한테 가장 큰 경험이었던 것 같습니다.

지승호: 그때처럼 크게 사회적 이슈가 될 만한 움직임은 없었지 않습니까? 시위 장면이 9시 메인 뉴스에도 나오면서 사회적 파장을 일으켰는데요. 이후로는 대중적으로 주목할 만한 활동이 없는 것 같아요. 그런 이유는 뭔가요?

> **연희**: 그사이 상황이 많이 바뀌었어요. 현장의 동력이 그때만큼 크지가 않아요. 언니들이 많이 빠져나가기도 했고요. 침체기이긴 하지

만, 재작년에 성매매특별법에 대한 위헌법률 심판제청이 있었잖아요.[25] 미약하지만 의미 있는 움직임이 계속되고 있습니다. 어느 시점이 되면 또다시 이슈가 생기겠지요.

> [25] 2013년 1월 9일 서울북부지방법원은 "성매매 여성을 처벌하는 '성매매 알선 등 행위의 처벌에 관한 법률'(성매매특별법) 21조 1항은 헌법상 과잉금지 원칙에 위반된다"는 한 성매매 여성의 의견을 받아들여 헌법재판소에 위헌법률심판을 제청한다. 해당 법률 조항은 "성매매를 한 사람은 1년 이하의 징역이나 300만 원 이하의 벌금 구류 또는 과료에 처한다"는 것으로 구매자와 판매자 모두를 처벌하는 내용을 담고 있다. 서울북부지법은 "성매매 여성을 처벌하는 내용에 대해 위헌법률심판을 제청한 것으로 성매수 남성을 처벌하는 것까지 위헌인지 가려 달라는 취지는 아니다"라고 설명했으나 경남여성단체연합 등 전국의 여성단체들이 반대 성명을 발표하는 등 여성계의 반발을 샀다. 현재 헌법재판소 전원재판부에 계류 중이다.

지승호 : 예전에 종암경찰서장이었던 김강자 씨가 미아리 집창촌을 대대적으로 단속하면서 성매매특별법의 비현실성을 지적한 바 있습니다. 법 때문에 오히려 성매매 문제가 악화되었고, 생계형 성매매 여성에 대한 대책이 부족하다는 게 주된 내용이었는데요. 특히 "성매매가 완전히 없어지기 전까지는 양지로 끌어내 놓고 정부가 관리하자"는 식의 발언[26]이 문제가 되었습니다. 논란의 여지가 있습니다만 성매매 비범죄화 혹은 합법화와 관련하여 우리가 참고할 만한 사례가 있을까요?

> [26] 〈중앙일보〉 2010년 3월 18일자.

연희 : 외국은 일찍부터 성매매 합법화, 비범죄화를 추진했고, 시행착오를 거치면서 좋은 법률을 만드는 데 노력을 기울였습니다. 처음엔 등록제로 했다가, 성노동자들이 거부하니까 다른 방법을 찾기도 했습니다. 외국도 당시에는 성노동자들에 대한 사회적 인식이 좋지 않았으니까요. 차별과 낙인이라는 반발이 컸습니다. 지금은 하나의 직업으로 인정해서 국가에서 세금을 부과하는 등 보다 나은 관리 방법을 고민하고 있어요. 제가 보기에 꽤 성공적인 케이스도 있고요. 예컨대 1층에서 호객행위를 하고, 2층이나 3층 방을 빌려서 손님을 받습니다. 구매자들이 방에 들어가려면 자동판매기에서 티켓을 사

야 해요. 여기에 세금이 부과가 됩니다. 성노동자의 익명성을 보장하면서 세금을 걷을 수 있지요. 좋은 아이디어라고 생각했습니다. 좋은 뜻으로 만든 정책도 성노동자 당사자의 입장에서 생각하지 않으면 역효과를 낳을 수 있습니다. 의료지원 사업만 해도 '성노동자는 성병의 온상'이라는 인식을 줄 수 있고요. 따라서 꼭 성노동자들만 대상으로 할 게 아니라, 지역별로 남녀노소 불문하고 검진을 하는 거예요. 아니면 지원단체에서 익명으로 성병이나 에이즈 검사를 받을 수 있도록 지원한다든가 하는 식으로, 얼마든지 대안을 찾을 수 있을 거로 생각합니다.

지승호: 성노동, 즉 성매매를 둘러싼 오래된 질문들이 있습니다. 예컨대 성매매가 성폭력을 부추긴다는 논리, 역사적으로 성매매가 없었던 적이 없다는 현실론 같은 것들에 대해서는 어떻게 생각하시나요?

연희: 다양한 의견이 있을 수 있습니다. 꼭 어떤 게 옳다고 할 수도 없고요. 다만 자기 의견을 고수하기보다는 현실에 맞게 고쳐나가는 게 맞다고 생각합니다. 정말로 성매매가 성폭력을 부추기나요? 통계적으로 사실이 아니라는 게 밝혀졌음에도 계속 그런 주장을 펴는 건, 고집에 불과해요. 오래되었으니 계속 이대로 가자는 주장도 마찬가지입니다. 예전의 성매매와 지금의 성매매는 다르잖아요. 과거에는 강압적인 성노동이 많았습니다. 이런 것들은 당연히 없어져야 하는 거고요. 하지만 지금도 그런가요? 해답을 찾으려면 문제를 확실하게 짚어가야 한다고 생각합니다.

지승호: 현실만 본다면 김강자 전 경찰서장의 말처럼, 법을 아무리 바꾸고, 단속을 해봐야 풍선 효과만 있을 뿐이다. 성매매가 더욱 음성화되거나 다른 방식으로 나타나기 때문에 차라리 일정하게 합법화해서 관리하자는 주장이 설득력이 있어 보입니다. 하지만 어렵다

고 안 할 수는 없지 않느냐는 주장 또한 만만치 않은데요. 어중간한 상태에서 성매매가 이루어지고 있는 것이 현실입니다. 성매매뿐만 아니라 곳곳에 있는 노점상도 마찬가지예요. 정부에서 허가받지 않은 노점은 다 불법이잖아요. 하지만 경찰관들 앞에서 버젓이 장사하잖아요. 눈 가리고 아웅 하는 것 같기도 하고. 그러니 잡히는 사람만 억울하다는 생각이 들 수도 있고요.

연희: 사문화된 법들이 많죠. 현실을 제대로 반영하지 않았기 때문입니다. 제가 보기엔 성매매 단속도 그저 경찰들을 통한 세수확보 차원이 아닌가 생각될 정도로 형식적이에요. 최근에 업주가 된 언니들한테 들은 얘기인데, 경찰에 대한 로비도 엄청 체계적이라고 해요. 그러니 괜히 잘못 걸리는 사람만 억울해지는 거죠.

지승호: 업주들의 경찰에 대한 성상납 같은 일들이 버젓이 벌어지는 걸 보면 거대한 사기극이라는 생각까지 듭니다.[27] 그럼에도 이 일을 계속하시고, 성노동자 운동 단체에도 가입해서 활동을 하신다는 것은 일정 부분 직업적 자부심이 있기 때문일 것 같은데요. 성노동이 우리 사회에서 꼭 필요한 일이라고 보십니까?

27) 2008년 9월 서울 장안동 일대의 유흥업주들이 계속되는 단속에 항의하면서 그동안 뇌물과 성상납을 받은 경찰 명단을 언론에 공개한다. 장부에는 단속 경찰들이 수백만 원의 뇌물을 받거나 종업원과 성관계를 맺은 정황이 드러나 있어 파문이 일었다.

연희: 일단 제가 노력해서 번 돈으로 제 삶을 영위해나간다는 자부심이 있고요. 일 자체가 가지는 장점도 있습니다. 출퇴근이 자유롭죠. 일하고 싶을 때 일하고 쉬고 싶을 때 쉴 수 있으니까요. 그날 대가를 그날 받을 수 있는 것도 좋습니다. 보람도 있어요. 손님들에게 기쁨과 위안을 줄 수 있으니까요. 손님들이 인터넷에 후기를 좋게 써주면 기분이 좋습니다. 이 직업의 존재 가치를 느끼게 되죠.

지승호: 스킨십이 정서적으로 위로가 되는 부분도 있을 거고요. 구
매자 중 기억에 남는 분이 있나요?

연희: 와서 게임만 하다 가는 손님이 있었어요. 한참 애니팡만 하더
니 그냥 가더라고요. 그때는 이 사람 참 귀엽네, 하다가도 보내고 나
니 마음이 안 좋은 거예요. 얼마나 외로웠을까 싶었습니다. 그런데
다음에 또 와요. 와서 또 게임 하고. 요즘은 카카오톡으로 하트를 보
내달라고 합니다. (웃음) 가끔은 여자 친구 문제, 결혼 생활 상담도 해
요. 한번은 어떤 손님이 와서 자기 와이프가 바람이 났대요. 그래서
제가 "당신도 여기 와 있으면서 뭘 그렇게 신경 쓰느냐"고 했더니,
"나, 이런 데 처음 오는 거야"라고 해서 한참 웃었습니다. 또 다른 분
은 와이프가 바람피우는 걸 알고는 홧김에 온 사람도 있었어요. 손을
부르르 떨면서 자초지종을 털어놓더니 막 울어요. 자기가 와이프를
얼마나 사랑했는지, 결혼생활은 또 어땠는지, 그러다가 도저히 못 하
겠다고 그냥 가더라고요. 마음 약하고, 따뜻함이 필요한 사람들, 그
런 분들이 제일 기억에 남습니다.

지승호: 그럼 다시 GG 이야기로 돌아와서요. 앞으로 활동 계획은 어
떠신지요.

연희: 당사자와 만날 기회를 더 넓히고 싶어요. 사이트에 익명으로
상담할 수 있는 공간을 만들고 변호사, 노무사, 의료인 등 전문가 그
룹의 자문을 받는 거죠. 필요한 분들이 언제든 편하게 들러 이야기할
수 있는 공간을 만들려고 합니다. 개인적으로는 GG 활동과 별개로
집창촌과 연대활동을 준비 중이에요.

지승호: 회원 간의 단합이랄까 의견 조율은 잘 되는 편인가요?

연희: 최대한 민주적으로 합니다. 모든 사람이 동등한 발언권을 가
지고, 각자의 의견을 내면 이걸 취합해서 결론을 내는 방식을 기본으

로 하고 있고요. 그래서 대표나 운영회 같은 것은 없어요. 이러한 GG 만의 방식을 유지해나갈 생각입니다. 조금 소모적이긴 하지만.

지승호: 기초를 튼튼하게 세울 방식이겠네요. 느리더라도 더 튼튼한 건물을 짓자는 건데요. 반면, 확장성은 떨어지지 않을까 싶습니다. 사람 한 명을 뽑더라도 신중하게 고민할 수밖에 없을 텐데요. 회원 유치는 어떤 방식으로 하시나요?

연희: 일단은 가입하려는 분이 별로 없어요. (웃음) 의사를 밝히면 기간을 두고 지켜보지요. 그런 다음에 메일을 보내서 성노동에 대해서 어떻게 생각하는지, 자신의 입장은 무언지, 그런 이야기를 적게 합니다. 웬만하면 대부분 가입이 돼요. 한 사람이라도 더 힘을 보태야 하는 상황이니까요.

지승호: 성매매 근절 운동이 중산층 여성의 이해관계일 뿐이라고 주장하시는 분들도 계시고요. 성노동이 여성 인권을 하락시킨다는 주장도 있는데요. 같은 여성임에도 입장이 많이 다른 것 같습니다.

연희: 성노동이 여성인권을 하락시킨다는 주장은 제겐 같은 여성으로 인정 못 하겠다는 얘기로밖에 안 들리거든요. '성적으로 문란한 여성이 순결한 여성에게 피해를 준다'는 식의 사고방식에 동의할 수가 없어요. 그 사람 직업이 어떻든 같이 갈 생각을 해야죠. 여성단체를 중산층 운동이라고 매도하는 것도 옳지 않아요. 내부적으로 다퉈봐야 남성권력을 강화시키는 역효과밖에 없잖아요. 그래서 저는 그런 주장에 별로 대응을 안 해요. 서로 존중하지 않으면 발전이 없죠.

지승호: 반복해서 나오는 얘기 같긴 한데요. GG가 궁극적으로 해나가야 할 운동의 목표는 어떤 거라고 생각하세요?

연희: 단기적으로는 법률적인 문제죠. 성노동의 비범죄화입니다. 그리고 최종적인 목표는 성노동자들이 아무 걱정 없이 자기 일을 하면서 살아갈 수 있는 사회, 성노동자임을 떳떳하게 밝힐 수 있는 사회, 성노동자들에 대한 어떤 억압도 없는 해방된 사회를 목표로 합니다.

지승호: 성노동자들이 걱정 없이 일하려면 어떤 부분에 대한 지원이 가장 시급하다고 생각하세요?

연희: 의료 서비스 지원이 절실합니다. 건강이 최우선이니까요. 또한 노동 과정에서 일어나는 폭력 및 착취로부터의 보호도 필요합니다. 당해도 어디 가서 호소할 데가 없잖아요. 그리고 경제적 지원이랄까, 금융권에서 돈을 빌릴 수 있었으면 해요. 정상적인 방식으로는 대출을 받기 어려우니까 계속 사채나 일수를 쓸 수밖에 없는 거고요. 그러다 보니 계속해서 무리할 수밖에 없는 악순환이 이어진다고 생각해요.

지승호: 일정 수입이 있어도 대출이 안 되니까 비싼 이자를 주고 음성적인 자금을 이용할 수밖에 없다는 말씀이신데요. 사실은 의료, 안전, 금융 이런 것들이 서로 연결된 것들이라 한꺼번에 풀기가 어려울 것 같습니다만.

연희: 최소한 경찰 서비스에 대한 접근권만이라도 보장되었으면 합니다. 안전이야말로 성노동자의 생존과 직결된 거니까요.

지승호: 밀사 씨가 트위터에서 "성노동자를 향한 낙인의 형성에는 성노동자 자신도 어느 정도 기여하고 있다는 것이다"라고 얘기한 적이 있습니다. 적극적으로 권리를 찾기보다는 하루빨리 빠져나가고 싶어하거나 운동 자체가 또 다른 낙인이 될 거로 우려하시는 분들이 계실 거고요. 이런 소극적인 현장의 분위기를 비판한 것으로 들립니

다만. 동지이자 서로 많은 대화를 나누는 친구로서 이러한 주장을 어떻게 받아들이시는지요. 또 현장에 계신 분들과의 갈등은 없는지 궁금합니다. 이론이 강한 활동가와 현장 경험이 많은 활동가 사이의 갈등이 분열과 이탈을 불러오는 경우가 많거든요.

연희: 어디에나 갈등이 생기기 마련입니다. 그래도 저는 시간을 들여서 서로 대화하면 좋아질 거로 봐요.

일하는 사람에게 일할 권리를

지승호: GG는 그동안 해외의 단체들과 활발한 연대활동을 해오신
걸로 알고 있습니다. 외국의 경우는 어떻습니까?

> **연희**: 부럽죠. 기반이 있으니까요. 역사도 오래되었고요. 거기는 성
> 노동자들이 도움을 청하면 해결이 됩니다. 예컨대 호주의 성노동자
> 협회인 스칼렛 얼라이언스(Scarlet Alliance)는 정부로부터 빵빵한 지
> 원을 받습니다. 그만큼 성노동자들로부터 신뢰를 받고 있고요. 무엇
> 보다도 여성단체들이 서로를 인정한다는 점이 인상적이었어요. 같은
> 건물에 스칼렛 얼라이언스 사무실과 반성매매운동 단체 사무실이
> 있는 거예요.

지승호: 성노동운동과 반성매매운동, 두 가지 모두 함께 고민할 대
상이라는 거네요.

> **연희**: 성의 상품화에 반대하는 것만큼이나 성노동자의 권리도 중요
> 하다는 거죠. 선택의 폭이 넓습니다. 어떤 여성이 더 이상 성노동을
> 하기 싫다, 그러면 반성매매 단체에 가서 대안을 상담할 수 있습니다.
> 여기에 대해 아무런 모순을 느끼지 않아요. 저는 그럴 수 있는 사회
> 적 환경이랄까 경제적 기반이 무척 부러웠습니다.

지승호: 국민을 보호하는 것이 정부의 역할일 텐데요. 만약 우리나
라도 분위기가 바뀌고 정부 지원이 가능해진다면 어떤 것들부터 해
결해 나가야 한다고 보십니까?

> **연희**: 성노동이 비범죄화되고 국내의 노동 여건이 개선된다면, 그다
> 음으로 신경 써야 할 것이 해외 원정 성매매입니다. 그분들 상황은

국내보다 훨씬 열악해요. 인신매매 같은 위험에 노출될 가능성도 크고요. 국내의 이주 성노동자 문제도 관심을 두어야 합니다. 이분들은 저희보다 더 위험한 환경에서 일하는 경우가 많아요.

지승호 : 말씀하신 것처럼, 이주 성노동자와 해외 원정 성매매 같은 것들이 지금은 수면 아래에 있지만 언제든 불거질 가능성이 있는데요. 거기에 대한 준비를 미리 하고 논의할 필요가 있을 것 같습니다.

연희 : 성노동을 비범죄화한 나라의 운동단체에서는 이주 성노동자들을 보호하는 데 힘을 쏟고 있어요. GG에서도 이 부분에 관심을 갖고 접근하고자 하지만 아직 역량이 부족합니다. 아직은 먼 미래이긴 하지만, 하나하나 풀어나가야죠.

지승호 : 우리나라에서 성노동의 비범죄화 같은 전향적인 조치들이 가능하다고 보시나요?

연희 : 지금은 어렵습니다. 정부에서 알아서 그럴 일은 없을 거고. 시간이 필요할 거로 봅니다.

지승호 : 앞으로 개인적으로 계획 같은 것이 있다면 한 말씀 해주시지요.

연희 : 고양이 농장? (웃음) 집에서 열한 마리나 키우고 있거든요. 어려서부터 동물을 좋아했지요. 앞으로도 열심히 일하면서 고양이들하고 행복하게 잘 살고 싶습니다.

지승호 : 오랫동안 인터뷰에 응해주셔서 감사합니다. 마지막으로 독자들께 한 말씀 해주시겠어요?

연희: 성매매 문제는 여성만의 문제가 아니라는 점을 강조하고 싶어요. 남성 성노동자도 늘고 있고 업종 분화가 빠르게 진행되고 있습니다. 눈 깜짝하면 가게가 하나 생겨 있고, 인터넷에서는 오늘도 수없이 조건만남이 이루어지고 있어요. 성노동 문제를 부디 나와 상관없는 일이 아닌 우리 모두의 문제로 생각해주시기 바랍니다. 성노동자는 피해자도 아니고 죄인도 아니라는 점, 열악한 현실에서 오늘도 열심히 일하며 살아가고 있는 성노동자들이 바로 나와 같은 평범한 한 인간이라는 점을 꼭 기억해주셨으면 합니다. 감사합니다.

〈여러분, 부디 안녕합시다.〉

성노동자라는 말을 들어본 적 있으신가. 이는 '매춘', '창녀'라고 불리던 이들이 자신의 권리를 선언하면서 사람들에게 요구한 명칭입니다. 인권의 사각지대 에 놓여 멸시와 비난을 감내하며 행했던 그들은 스스로 자신의 존엄을 선언하기 위해 '성노동자' 라는 명칭으로 스스로를 지칭했습니다. 저희는 성노동자의 인권과 노동권을 위해 활동하는 '성노동자권리모임 지지' 라 합니다. 저희는 성노동을 하였거나, 예전에 성노동을 했거나 성노동을 하려는 당사자 성노동자와 성노동운동을 지지하는 사람들입니다. 이 언저리 못난 서체, 저희도 맛깔스런 말이 있어 부족하나마 글을 지으로 개시합니다.

성노동 운동을 한다는 사람들이 이 사회에 무슨 할 말이 있는가라고, '알지도 못하는 사람들이 웃기는 것이 되게 마땅하다 생각하실지도 모릅니다. 하지만 지금 이 순간에도 많은 사람들이 성노동으로 생계를 꾸려가고, 가족을 부양합니다. 그리고 또한 많은 대학생들이 성노동으로 학비와 생활비를 벌고 있습니다. 네, 성노동자들은 우리와 완전히 동떨어진 존재들이 아닙니다. 그들은 우리들 주변에서, 우리와 다른 바 없이 아직한 세상을 살아내고 있습니다. 거리에서, 카페에서 그리고 일상의 공간에서 우리는 종종 그들을 스쳐 지나간 했던 것일지도 우리의 같은 곳에서 에어가거나 어쩌면 강한 감정선에서 그들을 마주쳤을지도 모릅니다. 이제까지 바로 당신의 친구가, 가족이, 자신이 성노동으로 있었음 미처 깨닫거나 차마 깨닫지 못한 채 살아가고 있을지 모르지요.

세상 사람들은 자극적 경제적 또는 조건은 내세워서 그들의 삶을 철저히 재단하고 손가락질합니다. 하지만 이러한 잣대들은 그때마다 나와 성노동자에게 성노동을 밀어 붙입니다. 그러나 이들의 일상을 향한 아픔을 일깨우지 않습니다. 자신의 잣대로 그들의 삶을 멋대로 재단하는 이 단단한 사회적 폭력을 개인은 감히 맞설 수 없기 때문에, 그들의 일상을 본질을 뒤흔들립니다. 그 누구나 성노동을 천업으로 규정하고 있기 때문에, 모든 사람이 이와 더욱 성노동에 대해 성노동자를 경멸하고 조롱을 만큼 더 멈추지 않을 것입니다. 우리 모두 성노동자들 아픔에 침묵 지켜나가다 사회라 하는 지금껏의 나쁜 파멸입니다. 우리 모두 함께할 사회 손에서 그들에게 고통으로 내려 찍힙니다. 간언을 지켜가는 사람들조차 이 현실에서 자유롭지 못할 것입니다.

다시 한번 깊게 생각해봅니다. 그래서 이야기하는 것이오. 우리 곁에서 그들이 존재한다는 것이 지금 이 사회라 무슨 상관이냐고, 확신한 저희는 이 사회에서, 사람들이 말하는 손가락에서, 성노동자들의 가장 깊은 곳을 봅니다. 힘드면에서도 반대로라도 자신들 하는 것을 직면하게 딱 7000 여명의 노동자들로부터, 현실을 자행해주었던 여러 제도들이 만연한다 사회의 기반이 튼튼하고 못되어 우려하고고 불안해하는 사람들로부터, 지금도 대학 곳곳에서 안녕하시냐고,

성말로 안녕을 하시냐고 묻는 학우들로부터. 그리고 이 글을 읽는 당신 에게서도, 우리는 성노동자의 안녕을 직접 듣고 싶은 것은 봅니다. 그것은 비로, 일상의 불안, 우리의 삶이 이렇게 흔들리고 무너질지 모른다는 만연적인 불안입니다.

안녕치 못합니다. 도대체 이 사회에서 누군 수요 안녕할 수 있겠습니까. 자신의 신념과 존재를 세상에 드러낼수는 아무만으로 불안당하고, 저변의 삶은 더욱 저변으로, 철익으로 밀어내는 이 아찔적인 세상, 나와 생각이 다르는 이유만으로 감각가 악함을 및 놈들이 이 세상에서 우리라 과연 안녕입니까. 모두가 안녕하지 못하다는 것을 우리는 서로 너무나 잘 알고 있습니다. 너무도 자연히 이 안녕치 못한데, 우리는 이제까지 자긍치긴 침묵만 했으므로, 왜 서로의 안녕 문지 않았으므로, 이제까지 내 곁의 사람들, 이 세상에서 힘겹 숨쉬고 살아가는 사람들의 고통을 애써 외면해 왔으므로. 어쩌면 우리의 외면과 무관심이 이 불안을 결코 커녀 잊었게 커녀 아닐까요. 계속 이렇게 동 돌린다면, 일상의 불안은 점점 제 몸을 불려 이내 우리의 삶을 실질적으로 잠식하고 옭아매는지 모릅니다.

저희는 이러함께 멈춰보자고 싶습니다. 이제라도 자신의 안녕을 돌아보자고 서로의 안녕을 묻자고 나의 아픔에 대해서, 당신의 상처에 대해서 이제라도 더불어 이야기하자고. 우리 곁에 미안한 가지로 안녕치 못한 사람들이 있었다는 것을 이번 안녕치라자고 말입니다. 이것만으로도 이세상은 조금은 더 나은 것이 되지 않을까 생각해봅니다. 저희의 고통을 돌아보고, 저변의 (고통을 직시 할수 있을 때. 그리고 그것을 이해하고 이루만질수 있을 때, 마침내 '그들이 우리'로 존엄질 때, 비로소우리는 안녕할수 있을 것입니다. 여러분, 부디 안녕합시다.

성노동자권리모임 지지, ggsexworker.org
ggsexworker@gmail.com